CATALOGUE
D'UNE COLLECTION
DE MÉDAILLES ANTIQUES.

CATALOGUE

D'UNE COLLECTION

DE 728 MÉDAILLES CONSULAIRES

ET DE

3616 MÉDAILLES IMPÉRIALES, EN ARGENT,

SUIVI

D'UNE NOTICE DU PRIX DE CHAQUE MÉDAILLE
IMPÉRIALE.

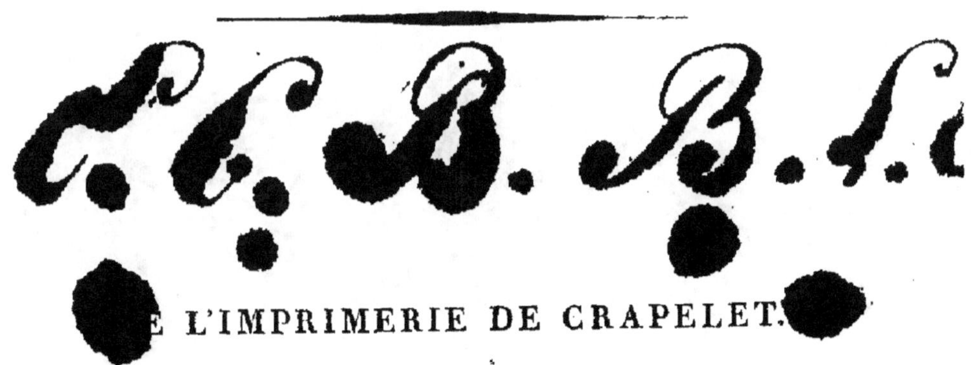

DE L'IMPRIMERIE DE CRAPELET.

A PARIS,

Chez P. MONGIE, Libraire, boulevard Montmartre, n° 7.

1811.

EXPLICATION DES SIGNES.

✻ Médaille rare.

✻ Médaille de plus grande rareté.

Ṛ Revers de la médaille.

( ) Les chiffres entre deux parenthèses marquent le nombre des médailles du même revers.

Les chiffres au commencement des mots marquent le nombre des médailles de chaque tête.

AVERTISSEMENT.

La Science numismatique, ou l'art de connoître les médailles antiques, doit aujourd'hui
faire plus de progrès que dans le dernier siècle.
Nous avons, pour nous guider, les nouvelles
recherches de MM. Eckell, Cousinery, New-
mann, Sestini, San-Clemente et autres savans.
Les fréquens rapports que les Français ont avec
l'Italie, les Sept Iles et presque toute la Grèce,
le désir naturel à tout voyageur de rapporter
quelques monumens dignes d'exciter l'intérêt,
enfin la facilité de rencontrer à Paris, dans
l'inappréciable collection de la Bibliothèque
Impériale, des pièces de comparaison ou d'é-
change, toutes ces différentes circonstances
portent à croire que le goût des médailles va se
répandre davantage parmi nous.

La collection dont on trouve ici le Catalogue,
est composée d'une suite de 728 médailles consulaires en argent, et d'une suite de 3616 médailles impériales du même métal.

On sait que les médailles consulaires sont les
monnoies qui ont été battues sous les consuls.
Celles des premiers temps représentoient sim-
plement la tête de Rome casquée, et ordinai-

rement au revers une Victoire traînée dans un char à deux ou à quatre chevaux; mais vers le septième siècle de la fondation de Rome, les monétaires firent graver sur les monnoies les têtes des hommes illustres de leur famille. Cet usage eut lieu jusqu'à la décadence de la république, et alors on commença à représenter sur les monnoies les têtes de Jules-César, de Pompée, et des triumvirs qui s'emparèrent de la suprême puissance.

Personne n'ignore que les médailles impériales sont celles qui portent le type des empereurs. Le catalogue qui suit donnera une juste idée de cette sorte de médailles, parce qu'il offre presque toutes les têtes connues.

La précieuse collection que ce catalogue fait connoître appartient à M. Rollin, qui l'a formée depuis quelques années à Paris, et qui n'a négligé ni soins, ni sacrifices pour la rendre complète. Elle se compose de plusieurs suites importantes, entre autres de la collection de M. l'abbé Leblond, ancien bibliothécaire des Quatre-Nations; de celle de M. l'abbé de Tersan, connu par ses connoissances variées dans tous les genres d'antiquités, et qui lui-même avoit acquis une partie des plus belles médailles de M. d'Ennery, savant célèbre dans l'histoire numismatique. M. Rollin a joint à ces premières richesses une quantité de médailles récemment apportées d'Italie et de Constantinople.

On peut voir cette collection chez M. Rollin, galeries du Palais-Royal, n° 115. Il est disposé à la céder, si on lui en proposoit un prix convenable (1).

A la suite du catalogue, est placée une notice du prix de toutes les médailles impériales. Cette notice contient les prix indiqués dans l'ouvrage de M. Beauvais, imprimé à Paris, en 1767, et devenu très-rare. On peut donc trouver ici, en quelques pages, la substance d'un livre indispensable pour toutes les personnes qui achètent des médailles. La notice indique le prix de chaque tête pour tous les métaux.

M. Rollin, satisfait d'avoir pu former une collection digne, dès ce moment, d'être acquise par un souverain, cherche tous les jours à rassembler plusieurs autres collections moins considérables ; en conséquence, il s'empresse d'acheter ou d'échanger généralement au prix indi-

___

(1) La collection impériale est renfermée dans deux beaux médaillers de dix-huit pouces quarrés, en bois d'acajou, ornés de deux bas-reliefs en cuivre doré, et composés chacun de dix-neuf tiroirs.

qué dans la notice, les médailles antiques dont on veut se défaire. Il est ainsi en mesure d'offrir des marchés avantageux aux personnes qui désirent que leurs médailles soient appréciées à leur juste valeur numismatique, valeur qui est souvent infiniment plus considérable que la valeur intrinsèque, et il peut en même temps procurer aux amateurs jaloux de posséder une réunion de plusieurs têtes (par exemple, celles des douze premiers Césars), des collections isolées, de tout prix, propres à faire naître chez les jeunes gens le goût des médailles, et à instruire une foule de curieux dans l'art de bien juger la véritable valeur de ces monumens irrécusables de l'histoire.

« Les médailles, dit M. Millin, peuvent ser-
» vir à l'histoire de l'art ; on y trouve la repré-
» sentation de plusieurs monumens célèbres.
» On peut y suivre, comme sur les pierres gra-
» vées, les différentes époques des différens
» styles ; enfin, c'est dans la numismatique
» qu'est concentrée toute la connoissance de
» l'antiquité ».

SUITE

DE FAMILLES CONSULAIRES,

COMPOSÉE DE 728 MÉDAILLES EN ARGENT.

Nos.	Noms des Familles.	Nombre des Médailles.
1.	ABURIA.	2.
2.	ACCOLEIA.	2.
3.	ACILIA.	3.
4.	AELIA.	2.
5.	AEMILIA.	7.
6.	AFRANIA.	1.
7.	ANNIA.	2.
8.	ANTESTIA.	3.
9.	ANTIA.	2.
10.	ANTISTIA.	2.
11.	ANTONIA.	57.
12.	AQUILLIA.	2.
13.	ARRIA.	1.
14.	ATILIA.	4.
15.	AURELIA.	2.
16.	BAEBIA.	1.
17.	CAECILIA.	11.
		104.

Nos.	Noms des Familles.	Nombre des Médailles.
	De l'autre part.	104.
18.	CAESIA.	1.
19.	CALIDIA.	1.
20.	CALPURNIA.	35.
21.	CANINIA.	1.
22.	CARISIA.	7.
23.	CASSIA.	9.
24.	CIPIA.	1.
25.	CLAUDIA.	24.
26.	CLOULIA.	2.
27.	COCCEIA.	1.
28.	COELIA.	7.
29.	CONSIDIA.	5.
30.	COPONIA.	1.
31.	CORDIA.	4.
32.	CORNELIA.	30.
33.	CORNUFICIA.	1.
34.	COSCONIA.	1.
35.	COSSUTIA.	2.
36.	CREPEREIA.	1.
37.	CREPUSIA.	9.
38.	CUPIENNIA.	1.
39.	CURIATIA.	2.
40.	CURTIA.	2.
41.	DIDIA.	2.
42.	DOMITIA.	4.
		258.

N^{os}.	Nombre des Familles.	Nombre des Médailles.
	Ci-contre.	258.
43.	Durmia.	2.
44.	Egnatia.	2.
45.	Egnatuleia.	1.
46.	Eppia.	1.
47.	Fabia.	10.
48.	Fannia.	2.
49.	Farsuleia.	3.
50.	Flaminia.	2.
51.	Flavia.	2.
52.	Fonteia.	10.
53.	Fufia.	1.
54.	Fulvia.	1.
55.	Fundania.	3.
56.	Furia.	5.
57.	Gellia.	1.
58.	Herennia.	8.
59.	hirtia. (en or).	1.
60.	Hosidia.	3.
61.	Hostilia.	3.
62.	Itia.	1.
63.	Julia.	48.
64.	Junia.	19.
65.	Licinia.	6.
66.	Livineia.	6.
67.	Lollia.	3.
		402.

Nos.	Noms des Familles.	Nombre des Médailles.
	En l'autre part	*402.*
68.	LUCILIA.	I.
69.	LUCRETIA.	5.
70.	LUTATIA.	I.
71.	MAECILIA.	I.
72.	MAIANIA.	I.
73.	MAMILIA.	5.
74.	MANLIA.	5.
75.	MARCIA.	13.
76.	MARIA.	5.
77.	MEMMIA.	7.
78.	MESCINIA.	1.
79.	METTIA.	I.
80.	MINUCIA.	5.
81.	MUCIA.	1.
82.	MUNATIA.	1.
83.	MUSSIDIA.	5.
84.	NAEVIA.	12.
85.	NASIDIA.	I.
86.	NONIA.	I.
87.	NORBANA.	13.
88.	OPEIMIA.	2.
89.	PAPIA.	10.
90.	PAPIRIA.	2.
91.	PEDANIA.	I.
92.	PETILLIA.	2.
		504.

Nᵒˢ.	Noms des Familles.	Nombre des Médailles.
	Ci-contre.	504.
93.	Tetronia.	5.
94.	Pinaria.	2.
95.	Plaetoria.	9.
96.	Plancia.	1.
97.	Plautia.	6.
98.	Poblicia.	8.
99.	Pompeia.	8.
100.	Pomponia.	10.
101.	Porcia.	7.
102.	Postumia.	7.
103.	Procilia.	2.
104.	Quinctia..	2.
105.	Renia.	1.
106.	Roscia.	10.
107.	Rubria.	7.
108.	Rustia.	2.
109.	Rutilia.	1.
110.	Salvia.	1.
111.	Sanquinia.	2.
112.	Satriena.	2.
113.	Saufeia.	1.
114.	Scribonia.	3.
115.	Sempronia.	2.
116.	Sentia.	11.
117.	Sepullia.	4.
		618.

Nᵒˢ.	Noms des Familles.	Nombre des Médailles.
	De l'autre part..........	618.
118.	SERGIA..............	1.
119.	SERVILIA............	11.
120.	SICINIA.............	2.
121.	SILIA..............	1.
122.	SPURILIA...........	1.
123.	SULPICIA...........	6.
124.	TERENTIA...........	1.
125.	THORIA............	9.
126.	TITIA.............	6.
127.	TITINIA...........	1.
128.	TITURIA...........	6.
129.	TREBANIA..........	1.
130.	TULLIA............	1.
131.	VALERIA...........	6.
132.	VARGUNTEIA........	1.
133.	VETTIA............	1.
134.	VETURIA...........	1.
135.	VIBIA.............	14.
136.	VINICIA...........	2.
137.	VOCONIA...........	1.
138.	VOLTEIA...........	8.
139.	INCERTAINES.......	10.
140.	ROMA.............	19.
		728.

SUITE

DE MÉDAILLES IMPÉRIALES D'ARGENT,

*Composée de 3616 Médailles, depuis Pompée
jusqu'à Constantin Pogonat.*

*6. CNEIVS POMPÉE.

(2) Incuses.

* cn. magnvs. imp. Tête de Pompée.

R͡. m. minat. sabin. pr. q. Pompée debout,
entre deux figures; l'une le couronne
et l'autre lui présente une haste.

(2) neptvni. Tête de Pompée avec un dauphin
et un trident.

R͡. q. nasidivs. Galère à la voile.

mag. pivs. imp. iter. Tête de Pompée, entre le *lituus* et le *præfericulum*.

R͡. praef. clas. et. orae. marit. ex. s. c. Le
type ordinaire d'Anapius et d'Amphi-
nomaüs.

*3. JUBA, père.

rex. ivba. Sa tête et un sceptre.

R͡. Un temple et des caractères numidiques.

✤ 3. JUBA, jeune.

REX. IVBA. Sa tête.

℞. Corne d'abondance et sceptre.

REX. IVBA. Sa tête.

℞. BACIΛICCA. KΛEOΠATPA. Fleur du lotus.
(Quinaire.) REX. IVBA. Buste de la Victoire
ailée.

℞. A. ℞. XXXIX. ϭΛIΩ. Cheval courant.

✤ 1. PTOLEMÉE, fils de Juba jeune.

REX. PTOLEMAEVS. Sa tête.

℞. Lion courant.

✶ 22. JULES-CÉSAR.

1. Incuse.

✶ CAESAR. COS. VI. Sa tête nue, et le *lituus*.

℞. AEGVPTO. CAPTA. Crocodile.

✶ DIVOS. IVLIVS. DIVI. F. Têtes de Jules-César
et d'Auguste, en regard.

℞. M. AGRIPPA. COS. DESIG. dans le champ.

CAESAR. DIC. Sa tête laurée et un vase.

℞. M. ANTON. IMP. Tête de Marc-Antoine et le
lituus.

(3) CAESAR. DIC. PERPETVO. Sa tête laurée.

℞. L. BVCA. Vénus debout; femme assise; un
caducée, une torche, deux mains jointes, etc.

Sans légende. Tête laurée de Jules-César.

℞. L. FLAMINIVS. III. VIR. Femme debout, tenant un caducée et une haste.

Sans légende. Tête laurée de Jules-César, entre un caducée et un rameau d'olivier.

℞. L. LIVINEIVS. REGVLVS. Taureau cornupète.

CAESAR. DICT. PERPETVO. Sa tête voilée.

℞. C. MARIDIANVS. Vénus debout, appuyée sur un bouclier, et tenant une Victoire.

(2) CAESAR. IMP. Sa tête laurée.

℞. M. METTIVS. Vénus debout, appuyée sur un bouclier posé sur un globe, tenant une Victoire et une haste : dans le champ, B. I.

* CAESAR. DICT. QVART. Sa tête et le *lituus*.

℞. M. METTIVS. Femme tenant une lance et un bouclier, dans un bige.

CAESAR. PARENS. PATRIAE. Sa tête voilée, entre le bonnet de flamine et le *lituus*.

℞. C. COSSVTIVS. MARIDIANVS. A. A. A. FF. en deux lignes qui se croisent.

Sans légende. Tête laurée de Jules-César.

℞. L. MVSSIDIVS. LONGVS. Globe, corne d'abondance, caducée, bonnet de flamine et gouvernail.

* CLEMENTIAE. CAESARIS. Un temple.

R͛. P. SEPVLLIVS. MACER. Un homme courant sur deux chevaux ; derrière, une couronne et une palme.

CAESAR. DICT. PERPETVO. Sa tête voilée.

R͛. P. SEPVLLIVS. MACER. Vénus debout, tenant une Victoire et une haste.

CAESAR. IMP. Sa tête laurée et un astre.

R͛. P. SEPVLLIVS. MACER. Même type.

CAESAR. DICT. PERPETVO. Sa tête seule.

R͛. P. SEPVLLIVS. MACER. Même type.

Sans légende. Tête laurée de Jules-César.

R͛. TI. SEMPRONIVS. GRACCVS. Q. DESIG. S. C. Aigle légionnaire, enseigne militaire, charrue et haste.

DIVI. IVLI. Tête laurée de Jules-César et le *lituus*.

R͛. Q. VOCONIVS. VITVLVS. Veau.

Sans légende. Tête laurée de Jules-César.

R͛. Q. VOCONIVS. VITVLVS. Q. DESIG. S. C. Veau.

✷ 1. SEXTE POMPÉE.

SEX. MAG. IMP. SAL. Sa tête.

PIETAS. Femme debout, tenant un rameau et une haste.

✷ 2. M. BRUTUS.

BRVT. IMP. L. PLAET. CEST. Sa tête.

R⁄. EID. MAR. Le bonnet de la liberté entre
deux poignards.
La pareille médaille défourrée.

* 1. L E P I D E.

LEPIDVS. PONT. MAX. III. VIR. R. P. C. Sa tête.
R⁄. C. CAESAR. IMP. III. VIR. R. P. C. Tête d'Auguste.

15. M A R C - A N T O I N E.

ANTON. AVG. IMP. III. COS. DES. III. III. V. R.
P. C. Sa tête.
R⁄. ANTONIVS. AVG. IMP. III. dans le champ.
Sans légende. Tête de Marc-Antoine et le
lituus.
R⁄. M. ANT. IMP. III. VIR. R. P. C. Caducée sur
un globe, entre deux cornes d'abon-
dance.
Sans légende. Tête de Marc-Antoine et le
lituus.
R⁄. M. ANTONIVS. III. VIR. R. P. C. Tête radiée.
M. ANTO. COS. III. IMP. IIII. Tête d'Ammon.
R⁄. ANTONIO. AVG. SCARPVS. IMP. Victoire pas-
sant, tenant une palme et une cou-
ronne.
M. ANT. IMP. AVG. III. VIR. R. P. C. M. BARBAT.
Q. P. Sa tête.

R⃫. CAESAR. IMP. PONT. III. VIR. R. P. C. Tête d'Auguste.

M. ANT. IMP. III. VIR. R. P. C. AVG. Tête de Marc-Antoine.

R⃫. CAESAR. IMP. PONT. III. VIR. R. P. C. Tête d'Auguste.

ANTONIVS. IMP. Sa tête.

R⃫. CAESAR. IMP. Caducée.

ANTONIVS. IMP. III. VIR. R. P. C. Sa tête et le *lituus*.

R⃫. PIETAS. COS. Femme debout, tenant un autel et une corne d'abondance.

ANT. AVGVR. III. VIR. R. P. C. Sa tête.

R⃫. IMP. TER. Deux globes et un trophée.

ANT. IMP. III. VIR. R. P. C. Sa tête et le *lituus*.

R⃫. AHENOBARBVS. IMP. CN. DOMIT. Astre sur une proue de navire.

* Sans légende. Tête barbue, voilée, entre le *lituus* et un vase.

R⃫. P. SEPVLLIVS. MACER. Un homme courant sur deux chevaux; derrière, une couronne et une palme.

M. ANTONI. IMP. Sa tête.

R⃫. III. VIR. R. P. C. Tête du soleil radiée dans un temple.

M. ANTON. AVG. IMP. III. COS. DES. III. III. VIR. Sa tête.

R̶. M. SILANVS. AVG. Q. PRO. COS. dans le champ.
ANTONIVS. AVG. COS. DES. ITER. ET. TER. Sa
tête.

R̶. IMP. TERTIO. III. VIR. R. P. C. Tiare Armé-
nienne.

M. ANTONIVS. AVG. IMP. IIII. COS. TERT. III.
VIR. R. P. C. Sa tête.

R̶. Victoire debout, tenant une couronne
et une palme ; autour, une couronne.

✶ 1. CLÉOPATRE.

CLEOPATI. SESINAE (SIC) REGVM FILIORVM
REGVM. Sa tête diadémée, à droite.

R̶. ANTONI. ARMENIA. DEVICTA. Tête nue de
Marc-Antoine, à droite.

✤ 1. CAIUS-ANTONIUS.

C. ANTONIVS. M. F. PROCOS. Tête avec une
sorte de chapeau à grands bords.

R̶. PONTIF. Instruments de sacrifices.

✶ 1. LUCIUS-ANTONIUS.

L. ANTONIVS. COS. Sa tête.

R̶. M. ANT. IMP. AVG. III. VIR. R. P. C. M. NERVA.
PROQ. P. Tête de Marc-Antoine.

165. AUGUSTE.

(4) Incuses.

(2) CAESAR. COS. VI. Tête nue d'Auguste et le *lituus*.

R͡. AEGVPTO. CAPTA. Crocodile.

    IMP. CAESAR. DIVI. IVLI. F. Tête nue d'Auguste.

R͡. M. AGRIPPA. COS. DESIG. dans le champ.

    CAESAR. AVGVSTVS. Sa tête nue.

R͡. C. ANTISTIVS. REGINVS. III. VIR. Vases pontificaux.

    CAESAR. IMP. Tête nue d'Auguste.

R͡. ANTONIVS. IMP. Caducée.

    CAESAR. AVGVSTVS. Sa tête nue.

R͡. L. AQVILLIVS. FLORVS. III. VIR. Une fleur.

    AVGVSTVS. Sa tête nue.

R͡. Couronne de lauriers, ornée de six proues de navire.

(6) Sans légende. Tête nue d'Auguste.

    AVGVSTVS. Capricorne, globe, gouvernail et corne d'abondance.

   ★ Sans légende. Tête nue d'Auguste.

R͡. AVGVSTVS. Vénus planant dans les airs, et un capricorne.

    TVRPILIANVS. III. VIR. Tête de Bacchus couronnée de lierre.

(15)

R͍. CAESAR. DIVI. F. ARMENIA. CAPT. Femme à
genoux.

CAESAR. IMP. Tête nue d'Auguste.

R͍. AVGVSTVS. Taureau.

* CAESAR. Tête nue d'Auguste, dans une
couronne de chêne.

R͍. AVGVST. Couronne ornée de patères ; au
milieu , un candelabre en forme de
trépied.

M. SANQVINIVS. III. VIR. Tête laurée d'Auguste ; au-dessus , un astre.

R͍. AVGVST. DIVI. F. LVDOS. SAEC. Prêtre salien,
tenant un caducée ailé et un bouclier.

C. CAESAR. III. VIR. R. P. C. Tête nue d'Auguste.

R͍. BALBVS. PRO. PR. Massue.

M. DVRMIVS. III. VIR. HONORI. Tête d'Apollon.

R͍. CAESAR. AVGVSTVS. Bige d'éléphans.

(2) Sans légende. Tête nue d'Auguste.

R͍. CAESAR. DIVI. F. Vénus debout , appuyée
sur une colonne, tenant un casque et
une haste.

AVGVSTVS. DIVI. F. Sa tête laurée.

R͍. C. CAES. AVGVST. Figure à cheval et aigle
légionnaire entre deux enseignes.

(3) Sans légende. Tête nue d'Auguste.

℞. CAESAR. DIVI. F. Apollon assis sur un ro-
cher, et Victoire sur un globe.

(2) IMP. CAESAR. AVGVST. Sa tête nue.

℞. P. CARISIVS. LEG. PRO. PR. Porte de ville sur
laquelle est écrit : EMERITA.

(6) IMP. CAESAR. AVGVST. Sa tête nue.

℞. P. CARISIVS. LEG. PRO. PR. Deux avec des boucliers, deux avec des masques et deux
avec des trophées.

(2) AVGVSTVS. Sa tête nue.

℞. L. CANINIVS. GALLVS. III. VIR. Parthe à genoux, présentant une enseigne militaire.

CAESAR. DIVI. F. L'empereur dans un quadrige, tenant un rameau.

℞. Victoire sur une proue de navire, tenant
une palme et une couronne.

Sans légende. Tête nue d'Auguste.

℞. CAESAR. DIVI. F. Femme debout, tenant
un rameau et une corne d'abondance.

(2) CAESAR. AVGVSTVS. Sa tête nue.

℞. DVRMIVS. III. VIR. Une avec un sanglier, et
l'autre avec un lion dévorant un cerf.

AVGVSTVS. DIVI. F. Sa tête nue.

℞. IMP. X. Deux soldats présentant des ra-
meaux à l'empereur assis sur un trône.

AVGVSTVS. DIVI. F. Sa tête laurée.

* IMP. XIIII. Parthe présentant à Auguste le
roi Tyridate enfant.

C. CAESAR. III. VIR. R. P. C. Tête nue d'Auguste.

℞. L. LIVINEIVS. REGVLVS. Victoire passant, tenant une palme et une couronne.

* L. MESCINIVS. III. VIR. S. C. Cippe sur lequel on lit : IMP. CAES. AVG. COMM. CONS.

℞. I. O. M. S. P. Q. R. V. S. PR. S. IMP. CAE. QVOD. PER. EV. R. P. IN. AMP. ATQ. TRAN. S. E. dans une couronne de chêne.

CAE. AVGVSTVS. TR. POT. Sa tête laurée.

℞. L. MESCINIVS. RVFVS. III. VIR. XV. S. F. Cippe sur lequel on lit : IMP. CAES. AVG. LVD. SAEC.

* CAES. AVG. CONS. S. C. OB. R. P. CONS. Buste vu de face dans une couronne.

℞. L. MESCINIVS. RVFVS. III. VIR. Mars debout, sur un cippe, sur lequel on lit : S. P. Q. R. V. S. PRO. S. ET. RED. AVG.

Sans légende. Tête laurée d'Auguste.

℞. L. MESCINIVS. RVFVS. Mars debout, sur un cippe, sur lequel on lit : S. P. Q. R. V. P. RED. CAES.

* CAESAR. AVGVSTVS. TR. POT. Sa tête laurée.

℞. L. MESCINIVS. RVFVS. III. VIR. Mars debout, sur un cippe, sur lequel on lit : S. P. Q. R. V. P. RED. CAES.

AVGVSTVS. Sa tête nue et le *lituus*.

℟. C. MARIVS. C. F. TRO. III. VIR. Palme dans un quadrige.

Même légende et même tête; au revers, figure debout.

✣ AVGVSTVS. Sa tête nue et le *lituus*.

℟. C. MARIVS. TRO. III. VIR. Tête de Julie sous la forme de Diane, avec le carquois.

* AVGVSTVS. Sa tête nue.

℟. L. LENTVLVS. FLAMEN. MARTIALIS. Deux figures debout, dont l'une tient un bouclier, sur lequel on lit : C. V.

(2) GENIO. PR. Tête d'Auguste et corne d'abondance.

℟. MARTI. VLTORI. Mars passant, tenant un javelot et un bouclier.

* C. CAESAR. III. VIR. R. P. C. Tête nue d'Auguste.

℟. POPVL. IVSSV. Figure à cheval dans l'attitude du commandement.

CAESAR. AVGVSTVS. Sa tête nue.

℟. P. PETRON. TVRPILIAN. III. VIR. Pégase.

DIVVS. AVG. P. P. Sa tête laurée.

℟. PAX. Deux mains jointes, tenant un caducée, entre deux cornes d'abondance.

CAESAR. AVGVSTVS. DIVI. F. PATER. PATRIAE. Sa tête laurée.

℟. PONTIF. MAXIM. Figure assise, tenant une fleur et une haste.

DIVI. IVLI. F. Tête nue d'Auguste.

R̶. TI. SEMPRON. GRACCVS. III. VIR. Q. DESIGN. Enseigne militaire , aigle légionnaire, charrue et haste.

CAESAR. AVGVSTVS. Sa tête nue.

R̶. C. SVLPICIVS. PLATORIN. Deux figures assises.

(2) C. CAESAR. IMP. Tête nue d'Auguste.

R̶. S. C. Figure à cheval dans l'attitude du commandement.

C. CAESAR. III. VIR. R. P. C. Tête nue d'Auguste.

R̶. Q. SALVIVS. IMP. COS. DES. Foudre.

AVGVSTVS. TR. POT. Sa tête nue.

R̶. P. STOLO. III. VIR. Le bonnet de flamine entre deux boucliers.

(3) CAESAR. AVGVSTVS. Sa tête nue.

R̶. S. P. Q. R. Victoire posant une couronne sur un bouclier.

* CAESAR. AVGVSTVS. DIVI. F. PATER. PATRIAE. Sa tête laurée.

R̶. TI. CAESAR. AVG. F. TR. POT. XV. Tête nue de Tibère.

(2) CAESAR. AVGVSTVS. Sa tête nue.

R̶. TVRPILIANVS. III. VIR. L'une avec un astre dans un croissant, et l'autre avec une femme debout, entourée de boucliers.

* AVGVSTVS. TR. POT. VIII. Sa tête nue.

R̸. L. VINICIVS. L. F. III. VIR. Cippe sur lequel on lit : S. P. Q. R. IMP. CAE. QVOD. V. M. S. EX. EA. P. Q. IS. AD. A. DE.

(2) S. P. Q. R. CESARI. AVGVSTO. Sa tête nue.

R̸. VOT. P. SVSC. PRO. SAL. ET. RED. I. O. M. SACR. Mars nu, tenant une enseigne militaire et le *parazonium*.

S. P. Q. R. CESARI. AVGVSTO. Sa tête nue.

R̸. QVOD. VIAE. MVN. SVNT. L'empereur couronné par la Victoire dans un quadrige, sur un arc de triomphe.

✠ I. M. AGRIPPA.

M AGRIPPA. PLATORINVS. III. VIR. Tête nue d'Agrippa.

R̸. CAESAR. AVGVSTVS. Tête nue d'Auguste.

9. TIBÈRE.

✱ TI. CAESAR. DIVI. AVG. F. AVGVSTVS. Tête laurée de Tibère.

R̸. DIVOS. AVGVST. DIVI. F. Tête laurée d'Auguste.

✱ TI. CAESAR. DIVI. AVG. F. AVGVSTVS. Tête laurée de Tibère, à droite.

R̸. Même légende et même tête.

✢ 1. DRUSUS, fils de Tibère.

DRVSVS. CAES. TI. AVG. F. COS. II. TR. P. IT. Tête nue de Drusus jeune.

℞. TI. CAES. AVG. P. M. TR. P. Tête laurée de Tibère.

* 3. NÉRON-DRUSUS.

✢ NERO. CLAVDIVS. DRVSVS. GERMANICVS. IMP. Sa tête laurée.

℞. PACI. AVGVSTAE. Victoire passant, tenant un caducée, et précédée par un serpent.

✢ 1. ANTONIA.

ANTONIA. AVGVSTA. Sa tête couronnée d'épis.

℞. SACERDOS. DIVI. AVGVSTI. Deux torches allumées.

* 2. GERMANICUS.

GERMANICVS. CAES. F. C. CAES. AVG. GERM. Sa tête nue.

℞. C. CAESAR. AVG. GERM. P. M. TR. POT. Tête laurée de Caligula.

✢ GERMANICVS. CESTIANVS. Sa tête nue.

℞. DIVVS. AVGVSTVS. Tête radiée d'Auguste.

*1. AGRIPPINE, mère.

AGRIPPINA. MAT. C. CAES. AVG. GERM. Sa tête.

R⹁. C. CAESAR. AVG. GERM. P. M. TR. POT. Tête laurée de Caligula.

*4. CALIGULA.

C. CAESAR. AVG. GERM. P. M. TR. POT. COS. Sa tête nue.

R⹁. Tête radiée d'Auguste, entre deux astres.

C. CAESAR. AVG. GERM. P. M. TR. POT. Sa tête nue.

R⹁. DIVVS. AVG. PATER. PATRIAE. Tête radiée d'Auguste.

C. CAESAR. AVG. PON. M. TR. POT. $\overline{\text{III}}$. COS. III. Tête laurée de Caligula.

R⹁. S. P. Q. R. P. P. OB. C. S. dans une couronne de chêne.

✣ C. CAESAR. AVG. GERM. P. M. TR. POT. Tête laurée de Caligula.

R⹁. C. CONSIDIVS. PAETI. Chaise curule, revers consulaire de la famille Considia.

15. CLAUDE I.

TI. CLAVD. CAESAR. AVG. GERM. Sa tête.

R⹁. CONSTANTIAE. AVGVSTI. Figure assise.

* TI. CLAVD. CAESAR. AVG. P. M. TR. P. VIIII. IMP. XVI. Sa tête laurée.

R̃. DE. BRITANN. Figure à cheval entre deux trophées, sur un arc de triomphe.

R̃. EX. S. C. OB. CIVES. SERVATOS. dans une couronne de chêne.

*R̃.(2) IMPER. RECEPT. Camp des Prétoriens.

* TI. CLAVD. CAESAR. AVG. GERM. P. M. TRIB. POT. P. P. Sa tête laurée.

R̃. NERO. CLAVD. CAES. DRVSVS. GERM. PRINC. IVVENT. Tête de Néron jeune.

*R̃.(2) EX. S. C. *Carpentum* attelé de quatre chevaux.

* R̃. PRAETOR. RECEPTV. Deux figures qui se donnent la main.

R̃.(4) PACI. AVGVSTAE. Victoire passant, tenant un caducée, et précédée par un serpent.

R̃.(2) S. P. Q. R. P. P. OB. C. S. dans une couronne de chêne.

* 4. AGRIPPINE, jeune.

AGRIPPINAE. AVGVSTAE. Sa tête.

R̃. TI. CLAVD. CAESAR. AVG. GERM. P. M. TRIB. POT. P. P. Tête laurée de Claude.

* AGRIPPINAE. AVGVSTAE. Sa tête.

R̃. NERO. CLAVD. DRVSVS. GERM. PRINC. IVVEN. Tête de Néron.

* AGRIPP. AVG. DIVI. CLAVD. NERONIS. CAES. MATER. Têtes de Néron et d'Agrippine en regard.

R̸. NERONI. CLAVD. DIVI. F. CAES. AVG. GERM. IMP. TR. P. Couronne de chêne, au milieu de laquelle on lit : EX. S. C.

* NERO. CLAVD. DIVI. F. CAES. AVG. GERM. IMP. TR. P. COS. Têtes de Néron et d'Agrippine accolées.

R̸. AGRIPP. AVG. DIVI. CLAVD. NERONIS. CAES. MATER. EX. S. C. Quadrige d'éléphans.

* 1. DOMITIUS AHENOBARBUS.

AHENOBAR. Sa tête nue.

R̸. C. N. DOMITIVS. IMP. Trophée naval.

21. NÉRON.

NERO. CAESAR. AVGVSTVS. Sa tête laurée.

R̸. AVGVSTVS. AVGVSTA. Deux figures debout.

R̸. AVGVSTVS. GERMANICVS. Figure debout, radiée, tenant une Victoire et une couronne.

R̸. EQVESTER. ORDO. PRINCIPI. IVVENT. sur un bouclier.

* NERONI. CLAVDIO. DRVSO. GERM. COS. DESIGN. Tête nue de Néron jeune, à droite.

R̸. SACERD. COOPT. IN. OMN. CONL. SVPRA. NVM. EX. S. C. Vases pontificaux.

* NERO. CLAVD. CAES. DRVSVS. GERM. PRINC. IVVENT. Tête nue de Néron jeune, à gauche.

R̶. Même revers que la précédente.

IMP. NERO. CAESAR. AVG. P. P. Sa tête laurée.

R̶. Sans légende. Aigle légionnaire entre deux enseignes militaires.

* 1. CLODIUS MACER (en plomb).

L. CLODIVS. MACER. S. C. Sa tête.

R̶. Galère.

40. GALBA.

✷ GALBA. IMPERATOR. Tête laurée de Galba.

R̶. AVGVSTVS. P. R. Très-bel arc de triomphe.

R̶. (2) HISPANIA. Femme debout, tenant des épis, des lances et un bouclier, au revers de la tête de Galba.

IMP. SER. GALBA. CAESAR. AVG. P. M. Sa tête laurée.

R̶. IMP. L'empereur à cheval.

GALBA. IMPERATOR. Sa tête laurée.

R̶. ROMA. VICTRIX. Figure debout, tenant une haste et un rameau, le pied sur un globe.

R̶. (5) ROMA. RENASCES. Figure debout, tenant une haste et une Victoire au revers de la tête de Galba.

VIRTVS. Tête de femme.

R̸. SER. GALBA. IMP. L'empereur à cheval.

(2) ROMA RENASCEN. Figure debout, tenant une haste et une victoire.

R̸. SER. GALBA. IMP. L'empereur à cheval.

GALBA. IMPERATOR. Sa tête laurée.

R̸. S. P. Q. R. dans une couronne de chêne.

SER. GALBA. AVG. IMP. Sa tête nue.

R̸. S. P. Q. R. OB. C. S. dans une couronne de chêne.

⋆ SERG. GALBA. IMP. L'empereur à cheval.

R̸. TRES. GALLIAE. Trois têtes de femmes.

R̸. (4) VICTORIA. P. R. Victoire sur un globe, tenant une palme et une couronne, au revers de la tête de Galba.

R̸. VICTORIA. Victoire écrivant sur un bouclier posé sur un autel, P. R., au revers de la tête de Galba.

R̸. (2) VIRTVS. Figure debout, tenant une Victoire et le *parazonium*, au revers de la tête de Galba.

R̸. VIRTVS. Figure nue debout, tenant une haste et le *parazonium*, au revers de la tête de Galba.

(1. quinaire.) SER. GALBA. IMP. CAESAR. AVG. GERM. Sa tête laurée.

R̸. VICTORIA. GALLAE. AVG. Victoire sur un

globe, tenant une palme et une couronne.

*12. OTHON.

* IMP. M. OTHO. CAESAR. AVG. TR. P. Tête
d'Othon.

R̸. PONT. MAX. L'empereur à cheval.

R̸.(2) VICTORIA. OTHONIS. Victoire debout, tenant une palme et une couronne.

✶ 1. VITELLIUS, père.

L. VITELLIVS. COS. III. CENSOR. Tête laurée
de Vitellius père.

R̸. A. VITELLIVS. GERM. IMP. AVG. TR. P. Tête
laurée de Vitellius.

25. VITELLIUS.

R̸. CONSENSVS. EXERCITVVM. Mars debout, tenant une haste et un trophée.

✶ R̸. I. O. MAX. CAPITOLINVS. Jupiter assis dans
un temple.

✶ R̸. LIBERI. IMP. GERMAN. Les têtes de ses deux
enfans.

R̸. LIBERTAS. RESTITVTA. Figure debout, tenant une fleur et une haste.

R̸. VESTA. P. R. QVIRITIVM. Figure assise.

108. VESPASIEN.

IMP. CAES. VESPAS. AVG. Sa tête laurée.

R. AVG. dans une couronne.

R. (2) CAESAR. AVG. F. COS. CAESAR. AVG. F. PR. Têtes de Titus et de Domitien.

* R. CONSENS. EXERCIT. Deux figures debout, se donnant la main.

(2) DIVVS. AVGVSTVS. VESPASIANVS. Sa tête laurée.

R. EX. S. C. Quadrige.

R. LIBERI. IMP. AVG. VESPAS. Têtes de Titus et de Domitien en regard.

R. (2) LIBERI. IMP. AVG. VESP. EPHE. Deux figures debout, tenant chacune une patère.

R. NEP. RED. Neptune nu debout, le pied droit sur un globe, une haste à la main gauche.

R. PACI. AVGVSTAE. EPHE. Victoire passant, tenant une palme et une couronne.

*R. (3) PACI. ORBIS. TERR. AVG. Tête de femme tourrelée.

R. PRINCEPS. IVVENTVTIS. Chèvre dans une couronne.

R. (2) TITVS. ET. DOMITIAN. CAESARES. PRIN. IVVEN. Titus et Domitien assis, tenant de la main droite une branche d'olivier.

IMP. CAES. VESP. AVG. P. M. COS. IIII. Sa tête laurée.

R⁀. L'empereur dans un quadrige.

R⁀. (2 quinaires.) VICTORIA. AVGVST. Victoire debout, tenant une palme et une couronne.

R⁀. (1 quinaire.) VICTORIA. AVGVST. Victoire assise, tenant une palme et une couronne.

✦ 3. DOMITILLE.

R⁀. PACI. AVGVSTAE. Victoire debout, tenant un caducée ; à ses pieds, un serpent.

R⁀. PIETAS. AVGVST. Femme assise ; à ses pieds, un enfant.

✦ DIVA. DOMITILLA. AVGVSTA. Sa tête.

R⁀. CONCORDIA. AVGVST. Paon.

56. TITUS.

✦ T. CAESAR. VESPASIANVS. Sa tête laurée.

R⁀. Sans légende. L'empereur sur un char traîné par deux éléphans montés chacun par un Cornac.

✦ T. CAESAR. IMP. VESPASIAN. Sa tête laurée.

R⁀. COS. V. Captif à genoux, présentant des enseignes militaires.

(2) IMPERATOR. CAESAR. AVGVSTI. F. Tête de Titus.

R⁀. AVG. EPHE. dans une couronne.

★ R⁀. IMP. XIII. Pâtre qui trait une chèvre.

✸ IMP. TITVS. CAES. VESPASIAN. AVG. P. M. Sa tête laurée.

R̥. VENVS. AVG. Vénus appuyée sur une colonne.

R̥. (1 quinaire.) VICTORIA. AVGVSTI. Victoire debout, tenant une palme et une couronne.

R̥. (2 quinaires.) VICTORIA. AVGVST. Victoire assise, tenant une palme et une couronne.

✶3. JULIE, fille de Titus.

IVLIA. AVGVSTA. TITI. AVGVSTI. F. Sa tête.

R̥. VENVS. AVGVST. Vénus debout, appuyée sur une colonne.

R̥. VESTA. Vesta assise.

✸ DIVA. IVLIA. AVGVSTA. Sa tête.

R̥. Sans légende. Titus sur un char traîné par deux éléphans montés chacun par un Cornac.

iii. DOMITIEN.

(1. incuse.)

CAESAR. AVG. F. DOMITIANVS. Sa tête laurée.

R̥. COS. IIII. Corne d'abondance.

R̥. COS. XIIII. LVD. SAEC. FEC. sur un cippe, devant lequel sont un prêtre salien et un candélabre.

℞. COS. XIIII. LVD. SAEC. FEC. Prêtre salien.

℞. COS. XIIII. Cippe, sur lequel on lit : LVD. SAEC. FEC.

℞. IMP. XXII. COS. XVII. CENS. P. P. P. Prêtre salien.

℞. IVPITER. CONSERVATOR. Aigle.

* IMP. CAES. DOMITIANVS. AVG. GERMANIC. Sa tête radiée.

℞. PIETAS. AVG. Femme assise; un enfant à ses pieds.

✠℞. ROMVLO. CONDITORI. Romulus passant, tenant un trophée et une lance.

℞. (4 quinaires), dont un avec un prêtre salien, deux avec une Victoire debout, et la quatrième avec une Victoire assise.

✠4. DOMITIA.

DOMITIA. AVG. IMP. DOMITIAN. AVG. GERM. Sa tête.

℞. CONCORDIA. AVGVST. Paon.

℞. DIVVS. CAESAR. IMP. DOMITIANI. F. Enfant sur un globe, entouré de sept étoiles.

✠ ℞. PACI. AVGVSTI. Figure ailée, tenant un caducée; à ses pieds, un serpent.

✠ ℞. ROMA. Rome assise, tenant une Victoire et une haste.

29. NERVA.

(3) IMP. NERVA. CAES. AVG. P. M. TR. P. COS. III. P. P. Sa tête laurée.

R⁀. EQVITAS. AVGVST. Figure debout, tenant des balances et une corne d'abondance.

R⁀. IVSTITIA. AVGVST. Figure assise, tenant une fleur et une haste.

131. TRAJAN.

(1 incuse.)

IMP. TRAIANO. AVG. GER. DAC. P. M. TR. P. Sa tête laurée.

R⁀. COS. V. P. P. S. P. Q. R. OPTIMO. PRINC. L'empereur dans un quadrige.

R⁀. PARTHICO. P. M. TR. P. COS. VI. P. P. S. P. Q. R. Tête radiée.

R⁀. P. M. TR. P. COS. VI. P. P. S. P. Q. R. Tête radiée.

R⁀. Même légende. L'empereur sur une colonne.

✠ R⁀. ROMVLO. CONDITORI. Romulus passant, tenant un trophée et une lance.

R⁀. (2) S. P. Q. R. OPTIMO. PRINCIPI. L'empereur debout, posant la main sur un bouclier, soulevé par une figure à genoux.

R⁀. Même légende. L'empereur à cheval.

℞. (1 quinaire.) S. P. Q. R. OPTIMO. PRINCIPI. Victoire assise, tenant une palme et une couronne.

✢ 4. RESTITUTIONS.

✢ IMP. TRAIANO. PIO. FEL. AVG. P. P. Tête laurée de Trajan.

℞. VIA. TRAIANA. Femme couchée, appuyée sur une roue, et tenant un fouet. (Cette médaille est celle de M. d'Ennery, citée dans l'ouvrage de Beauvais, tom. 1ᵉʳ, pag. 198.)

✢ DIVVS. TRAIANVS. PATER. AVGVSTVS. Tête laurée de Trajan.

℞. IMP. HADRIAN. DIVI. NER. TRAIAN. OPT. FIL. REST. Hadrien debout, sacrifiant sur un autel. (Citée dans Beauvais, *ibid.* p. 211.)
MARCELLINVS. Tête nue, avec la *Triquetra* dans le champ.

℞. IMP. CAES. TRAIAN. AVG. GER. DAC. P. P. REST. dans le champ, MARCELLVS. COS. QVINT. Le temple de Jupiter-Férétrien, et une figure consulaire qui en monte les degrés.
Sans légende. Tête radiée d'Apollon.

℞. IMP. CAES. TRAIAN. AVG. GER. DAC. P. P. REST. Au bas, L. LVCRETI. dans le champ, TRIO. un croissant et sept étoiles.

✳ 1. PLOTINE.

PLOTINA. AVG. IMP. TRAIANI. Sa tête.

℞. CAES. AVG. GERMA. DAC. COS. VI. P. P. Femme assise, tenant une Victoire et une haste.

✳ 2. MARCIANE.

℞. CONSECRATIO. Aigle éployée.

DIVA. AVGVSTA. MARCIANA. Sa tête.

℞. EX. SENATVS. CONSVLTO. Marciane sur un char, traîné par deux éléphans montés par deux Cornacs.

✳ 2. MATIDIE.

DIVA. AVGVSTA. MATIDIA. Sa tête.

℞. CONSECRATIO. Aigle éployée.

℞. PIETAS. AVGVST. Matidie debout , entre deux enfans.

208. HADRIEN.

(3) HADRIANVS. AVG. COS. III. P. P. Sa tête.

℞. ADVENTVS. AVG. Deux figures qui se donnent la main.

℞. (2) AEGYPTOS.

℞. (2) AFRICA.

℞. (1) ALEXANDRIA.

℞. (1) ASIA.

℞. (2) FELICITAS. AVG. Deux figures se donnant la main.

℞. (1) FORTVNA. REDVCI. Même type.

℞. (2) GERMANIA.

℞. (3) HISPANIA.

℞. (1) ITALIA.

* ℞. MARTI. Mars debout.

℞. (3) NILVS.

℞. PARTHIC. DIVI. TRAIAN. AVG. F. P. M. TR. P. COS. P. P. Deux figures se donnant la main.

℞. LIBERAL. AVG. III. P. M. TR. P. COS. III. Deux figures.

℞. (2) P. M. TR. P. COS. III. Fleuve couché.

℞. (2) RESTITVTORI. GALLIAE.

℞. (5) RESTITVTORI. HISPANIAE.

℞. TELLVS. STABIL. Figure de femme assise à terre.

10. SABINE.

SABINA. AVGVSTA. HADRIANI. AVG. P. P. Tête de Sabine.

℞. PIETATI. AVG. Autel.

* ℞. Sans légende. Figure de femme assise, tenant une Victoire.

*9. AELIUS.

L. AELIVS. CAESAR. TR. P. COS. II. Sa tête nue.

R͵. PIETAS. Figure debout devant un autel.

R͵. (2) PIETAS. TR. POT. COS. II. Figure voilée, debout devant un autel.

155. ANTONIN LE PIEUX.

(3) Avec la tête de Marc-Aurèle au revers.

R͵. (2) AEDES. DIVI. AVG. REST. COS. IIII. Temple.

R͵. (2) AVG. PIVS. P. M. TR. P. COS. II. Vases pontificaux.

R͵. (7) CONSECRATIO.

R͵. COS. IIII. Figure debout sur un cippe, entre deux colonnes.

R͵. (2) DIVO. PIO. La colonne Antonine.

✤ ANTONINVS. AVG. PIVS. P. P. TRP. XXIIII. Sa tête laurée.

R͵. LIBERALITAS. AVG. VIIII. COS. IV. Femme debout, tenant une corne d'abondance.

*R͵. PIETATI. AVG. COS. IIII. Femme debout, avec quatre enfans.

R͵. PRIMI. DECEN. COS. IIII. dans une couronne.

R͵. PRIMI. DECENNALES. COS. IIII. dans une couronne.

R͵. PROVIDENTIAE. DEORVM. Foudre ailé.

℞.(2) TR. POT. COS. III. La louve allaitant Remus
et Romulus dans un antre.

℞ (3) TEMPLVM. DIV. AVG. REST. COS. IIII. Temple.

℞.(2) TR. POT. COS. III. ITALIA. Figure assise sur
un globe, tenant une corne d'abondance
et une haste.

53. FAUSTINE, mère,
dont huit avec la tête voilée.

℞.(3) AED. DIV. FAVSTINAE. Temple.

℞. AETERNITAS. Etoile.

* DIVA. FAVSTINA. Sa tête à gauche.

℞. AVGVSTA. *Lectisternium* ; devant, un paon
sur un autel.

℞. CONCORDIA. Deux figures se donnant la
main.

* ℞. DEDICATIO. AEDIS. Temple.

* ℞. PIETAS. AVG. Temple.

✤ ℞. PVELLAE. FAVSTINIANAE. Le type connu.

124. MARC-AURELE.

(6) DIVVS. M. ANTONINVS. PIVS. Sa tête nue.

℞. CONSECRATIO. Aigle éployée.

℞.(1) DE. GERM. TR. P. XXXI. IMP. VIII. COS. III. P. P.
Trophée.

℞. DE. SARM. TR. P. XXXI. IMP. VIII. COS. III. P. P.
Trophée.

R⸮. PRIMI. DECENNALES. COS. III. dans une couronne.

(1) De fabrique barbare.

5o. FAUSTINE, jeune.

✱ DIVAE. FAVSTINAE. PIA. F. Sa tête voilée.

R⸮. MATRI. CASTRORVM. Figure assise, et deux
enseignes militaires.

✣ R⸮. TEMPOR. FELIC. Faustine debout, et six enfans.

29. LUCIUS-VERUS.

(2) L. VERVS. AVG. ARMENIACVS. Sa tête nue.

R⸮. ARMEN. TR. P. II. IMP. II. COS. II. Figure
assise.

R⸮. CONSECRATIO. Le bûcher.

R⸮. CONSECRATIO. Aigle éployée.

R⸮. VICT. AVG. TR. P. VI. COS. II. Victoire passant, tenant un serpent.

II. LUCILLE.

✣ LVCILLAE. AVG. ANTONINI. AVG. F. Sa tête.

R⸮. VESTA. Vesta debout, près d'un autel.

R⸮. VOTA. PVBLICA. dans une couronne.

III. COMMODE.

M. COMM. ANT. P. FEL. AVG. BRIT. P. P. Sa
tête laurée.

(39)

℟. APOL. MONET. P. M. TR. P. XV. dans le champ
cos. VI. Apollon debout, appuyé sur
une colonne.

℟. APOLLINI. PALATINO. Apollon debout, en
habit de femme.

℟. APOL. PAL. P. M. TR. P. XVI. COS. VI. Même
type.

℟. AVG. T. PIET. P. M. TR. P. XII. IMP. VIII. COS.
V. P. P. Figure debout, sacrifiant sur un
autel.

℟. CONCORDIA. COMMO. AVG. Femme debout.

℟. FID. EXERC. P. M. TR. P. XI. IMP. VII. COS. V.
P. P. L'empereur haranguant ses soldats.

℟. FORTVNAE. MANENTI. C. V. P. P. Femme
assise, tenant un cheval par la bride.

℟. (2) HERCVLI. ROMANO. AVG. Hercule debout,
mettant la main droite sur un trophée.

℟. HERCVL. ROMAN. AVGV. Massue.

* ℟. I. O. M. SPONSOR. SEC. AVG. Jupiter et l'empereur, debout.

* ℟. IOVI. DEFENS. SALVTIS. AVG. Jupiter debout,
entre sept étoiles.

℟. IOV. EXSVP. P. M. TR. P. XII. IMP. VIII. COS. V.
P. P. Jupiter assis.

℟. MAGNIFICENTIAE. AVG. COS. VII. P. P. dans
une couronne.

℟. OPTIME. MAXIME. C. V. P. P. Jupiter debout.

℟. PACI. AETERNAE. C. V. P. P. Figure assise.

R̸. (2) PIETATI. SENATVS. C. V. P. P. Deux figures
qui se donnent la main.

* R̸. PROVIDENTIAE. AVG. Hercule donnant la
main à une femme.

R̸. P. M. TR. P. XI. IMP. VII. COS. V. P. P. L'empereur assis, tenant un globe, et couronné par la Victoire.

R̸. TEMP. FELIC. P. M. TR. P. XV. COS. VI. Caducée entre deux cornes d'abondance.

9. CRISPINE.

(2) CRISPINA. AVG. Sa tête.

R̸. DIS. GENITALIBVS. Autel.

R̸. VENVS. FELIX. Vénus assise.

✢ 6. PERTINAX.

✢ (1 incuse.) C'est celle dont il est parlé
dans Beauvais, tom. III, pag. 417.

IMP. CAES. P. HELV. PERTIN. AVG. Sa tête
laurée.

R̸. AEQVIT. AVG. TR. P. COS. II. Femme debout,
tenant des balances et une corne d'abondance.

R̸. LAETITIA. TEMPOR. COS. II. Femme debout,
tenant une couronne et une haste.

R̸. OPI. DIVIN. TR. P. COS. II. Femme assise,
tenant des épis.

R⫷. PROVID. DEOR. COS. II. Femme debout, levant la main droite vers un globe.

R⫷. VOT. DECEN. TR. P. COS. II. L'empereur sacrifiant sur un autel.

✴ 3. DIDIUS-JULIANUS.

IMP. CAES. M. DID. IVLIAN. AVG. Sa tête laurée.

R⫷. CONCORD. MILIT. Femme debout, tenant deux enseignes militaires.

R⫷. P. M. TR. P. COS. Femme debout, tenant un gouvernail et une corne d'abondance.

R⫷. RECTOR. ORBIS. L'empereur debout, tenant un globe.

✴ I. MANLIA SCANTILLA.

MANL. SCANTILLA. AVG. Sa tête.

R⫷. IVNO. REGINA. Junon debout, tenant une patère et une haste ; à ses pieds, un paon.

✴ I. DIDIA CLARA.

DIDIA. CLARA. AVG. Sa tête.

R⫷. IIILAR. TEMPOR. Femme debout, tenant une palme et une corne d'abondance.

*3. PESCENNIUS-NIGER.

IMP. CAES. C. PESC. NIGER. IVS. AVG. Sa tête laurée.

℞. INVICTO. IMPERAT. Trophée.

℞. SALVTI. AVG. Femme debout, tenant des balances et une corne d'abondance.

℞. VICTORIAE. AVG. Victoire debout, tenant une couronne.

*17. ALBIN,

dont dix avec le titre d'empereur et d'Auguste.

(2) IMP. CAES. D. CLO. SEP. ALB. AVG. Sa tête.

℞. AEQVITAS. AVG. COS. II. Femme debout, tenant des balances et une corne d'abondance.

℞. FIDES. AVG. COS. II. Femme debout, tenant des épis et un panier.

℞. FORTVNA. AVG. COS. II. Femme debout, tenant un gouvernail et une corne d'abondance.

*℞. GEN. LVG. COS. II. Figure debout avec la couronne murale, tenant une haste et une corne d'abondance; à ses pieds, un aigle.

*℞. PAX. AVG. COS. II. Femme debout, tenant un rameau d'olivier et une corne d'abondance.

(43)

℞. SAECVLI. FEL. COS. II. Femme debout, tenant un caducée et des épis.

℞. SALVTI. AVG. COS. II. Femme debout, tenant une patère et une haste.

✶ ℞. SPE. AVG. COS. II. Femme debout, tenant une fleur.

℞. SAEC. FRVGIF. COS. II. Figure debout, tenant un caducée et une espèce de trident.

℞. VICT. AVG. COS. II. Victoire passant, tenant une couronne et une palme.

130. SEPTIME-SEVÈRE.

SEVERVS. PIVS. AVG. Sa tête laurée.

℞. AFRICA. Femme assise à terre, tenant une corne d'abondance, etc.

* ℞. AETERNIT. IMPERI. La tête de Caracalla couronnée de lauriers, et celle de Géta nue.

℞. (3) ARAB. ADIAB. COS. II. P. P. Victoire.

℞. CERER. FRVG. Femme debout, tenant des épis et une torche.

℞. CONSECRATIO. Aigle sur un globe.

℞. FELICIT. TEMPOR. Epi entre deux cornes d'abondance.

℞. HERCVLI. DEFENS. Hercule debout, tenant une massue et un arc.

℟. (3) TR. P. COS. LEG..... Aigle légionnaire, entre deux enseignes militaires.

*℟. PROVIDENTIA. Tête de Méduse.

℟. P. M. TR. P. XIIII. COS. II. P. P. Figure à cheval.

℟. P. M. TR. P. XVII. COS. III. P. P. L'empereur à cheval terrassant un ennemi.

℟. PROFECTIO. AVG. Figure à cheval.

℟. S. P. Q. R. OPTIMO. PRINCIPI. Figure à cheval.

℟. TR. P. III. IMP. V. COS. II. Figure assise à terre.

*℟. VICTORIAE. BRIT. Victoire debout, posant un bouclier sur un palmier, et tenant une palme.

47. JULIA-DOMNA.

IVLIA. DOMNA. AVG. Sa tête.

℟. BONA. SPES. Figure debout, tenant une fleur.

*℟. BONAE. SPEI. Même type.

℟. BONI. EVENTVS. Femme debout, tenant un panier et des épis.

℟. FECVNDITAS. Femme debout, et trois enfans.

℟. (2) HILARITAS. Femme debout, tenant une palme et une corne d'abondance.

℟. LAETITIA. Figure debout, tenant une couronne et un gouvernail.

℟. LVNA. LVCIFERA. Figure dans un bige.

R̸. MATER. AVGG. Figure dans un quadrige de lions.

R̸. MAT. AVGG. MAT. SEN. M. PATR. Figure assise, tenant un rameau et une haste posée transversalement.

R̸. Même légende. Figure debout, tenant un rameau et une haste.

* R̸. MATRI. CASTRORVM. Femme debout, sacrifiant sur un autel devant deux enseignes militaires.

R̸. SAECVL. FELICIT. Croissant et sept étoiles.

R̸. VENERI. VICTR. Vénus debout, appuyée sur une colonne.

R̸. VESTA. MATER. Femme assise.

R̸. VESTAE. SANCTAE. Figure debout, tenant une patère et une haste.

160. CARACALLA.

ANTONINVS. PIVS. AVG. Sa tête laurée.

R̸. ADVENT. AVG. Navire.

* ANTONINVS. PIVS. AVG. Tête de Caracalla couronnée de laurier, avec le *paludamentum*.

R̸. CONCORDIAE. AETERNAE. Les têtes accolées de Sévère avec une couronne radiée, et de Julie avec le croissant.

R̸. CONCORDIA. FELIX. Deux figures debout.

R̸. COS. II. L'empereur dans un quadrige.

℞. DESTINATO. IMPERAT. Tête de bœuf et ins-
trumens de sacrifices.

✠ ℞. FELICITATEM. ITALICAM. Femme debout,
tenant un caducée et une corne d'abondance.

℞. HILARITAS. AVG. Femme debout, entre
deux enfans.

℞. PROF. PONTIF. TR. P. XI. COS. III. L'empereur
à cheval.

℞. PROFECTIO. AVG. Figure debout, tenant
une lance devant deux enseignes militaires.

℞. PROFECTIO. AVG. L'empereur tenant une
lance ; derrière , une figure militaire
qui tient une enseigne.

℞. SEVERI. PII. AVG. FIL. Figure debout, tenant une Victoire et une haste ; à ses
pieds, un captif.

11. PLAUTILLE.

PLAVTILLAE. AVGVSTAE. Sa tête.

℞. CONCORDIAE. AETERNAE. L'empereur et
Plautille qui se donnent la main.

℞. CONCORDIA. FELIX. Même type.

✠ ℞. PLAVTILLA. AVGVSTA. Sa tête.

℞. DIANA. LVCIFERA. Diane debout, tenant
des deux mains une torche.

RℲ. PIETAS. AVGG. Femme debout, tenant un enfant sur son bras gauche et une haste.

RℲ. PROPAGO. IMPERI. L'empereur et Plautille qui se donnent la main.

RℲ. (2) VENVS. VICTRIX. Vénus debout, appuyée sur un bouclier, tenant une palme et une pomme ; à ses pieds, Cupidon.

34. GÉTA.

P. SEPT. GETA. CAES. PONT. Sa tête nue.

RℲ. CASTOR. Figure debout, tenant un cheval.

RℲ. FELICITAS. TEMPOR. Deux figures debout, se donnant la main.

RℲ. (2) SEVERI. PII. AVG. FIL. Vases pontificaux.

18. MACRIN.

IMP. C. M. OPEL. SEV. MACRINVS. AVG. Sa tête radiée.

RℲ. FIDES. MILITVM. Femme debout, entre quatre enseignes militaires.

RℲ. SALVS. PVBLICA. Figure assise, donnant à manger à un serpent.

*3. DIADUMÉNIEN.

M. OPEL. ANT. DIADVMENIAN. CAES. Sa tête nue.

RℲ. PRINC. IVVENTVTIS. L'empereur debout, entre trois enseignes militaires.

℞. PRINC. IVVENTVTIS. L'empereur debout, ayant derrière lui deux enseignes militaires.

℞. SPES. PVBLICA. Femme debout, tenant une fleur.

48. HÉLIOGABALE.

ANTONINVS. PIVS. FELIX. AVG. Sa tête laurée.

℞. CONCORDIA. MILIT. Quatre enseignes militaires.

℞.(2) IOVI. CONSERVATORI. Jupiter debout, tenant une haste et un foudre.

*℞. SANCT. DEOSOLI. ELEGABAL. Quadrige.

℞.(2) SPEI. PERPETVAE. Femme debout, tenant une fleur.

*6. JULIA PAULA.

IVLIA. PAVLA. AVG. Sa tête.

℞. CONCORDIA. Elagabale et Paula se donnant la main.

℞.(2) VENVS. GENETRIX. Femme assise.

*1. AQUILIA-SEVERA.

IVLIA. AQVILIA. SEVERA. AVG. Sa tête.

℞. CONCORDIA. Femme debout, tenant une patère et une corne d'abondance.

4. JULIA-SOEMIAS.

IVLIA. SOAEMIAS. AVGVSTA. Sa tête.

R̸. IVNO. REGINA. Junon debout, tenant le *palladium* et une haste.

R̸. VENVS. CAELESTIS. Femme assise, un enfant devant elle.

7. JULIA-MAESA.

IVLIA. MAESA. AVG. Sa tête.

R̸. IVNO. Junon debout, tenant une patère et une haste.

R̸. (2) SAECVLI. FELICITAS. Femme debout, tenant un caducée et une patère.

81. SÉVÈRE-ALEXANDRE.

(1. Incuse.)

IMP. C. M. AVR. SEV. ALEXAND. AVG. Sa tête laurée.

R̸. LIBERALITAS. AVG. Femme debout, tenant une corne d'abondance et une Tessère.

R̸. LIBERALITAS. AVG. IIII. Même type.

R̸. PIETAS. AVG. Femme debout, devant un autel.

R̸. (2) SPES. PVBLICA. Femme debout, tenant une fleur.

*R̸. VENVS. GENETRIX. Vénus debout; à ses pieds, un enfant.

* 1. ORBIANA.

SALL. BARBIA. ORBIANA. AVG. Sa tête.

R⸲. CONCORDIA. AVGG. Figure assise, tenant une patère et une double corne d'abon-dance.

12. MAMÉE.

IVLIA. MAMAEA. AVG. Sa tête.

R⸲. IVNO. CONSERVATRIX. Junon debout, tenant une haste et une patère ; à ses pieds, un paon.

R⸲. VENVS. GENETRIX. Vénus debout; à ses pieds, un enfant.

14. MAXIMIN Ier.

IMP. MAXIMINVS. PIVS. AVG. Sa tête laurée.

R⸲. FIDES. MILITVM. Femme debout, entre deux enseignes militaires.

*R⸲.(2)VICTORIA. GERM. Victoire debout, tenant une palme et une couronne; à ses pieds, un captif.

R⸲. VOTIS. DECENNALIBVS. dans une couronne.

* 1. PAULINE.

DIVA. PAVLINA. Sa tête.

R⸲. CONSECRATIO. Paon.

*3. MAXIME.

IVL. VERVS. MAXIMVS. CAES. Sa tête.

R. PIETAS. AVG. Vases pontificaux.

R. PRINCIPI. IVVENT. Maxime debout, tenant un globe et une lance renversée.

R. PRINC. IVVENTVTIS. Maxime debout, tenant un bâton et une haste inclinée; derrière lui, deux enseignes militaires.

✶ 1. GORDIEN D'AFRIQUE, père.

IMP. M. ANT. GORDIANVS. AFR. AVG. Sa tête couronnée de lauriers.

R. SECVRITAS. AVGG. Femme assise, tenant un sceptre.

✶ 1. GORDIEN D'AFRIQUE, fils.

IMP. M. ANT. GORDIANVS. AFR. AVG. Sa tête couronnée de lauriers.

R. VIRTVS. AVGG. Soldat debout, appuyé sur un bouclier, tenant une lance le fer en bas.

*7. BALBIN.

IMP. CAES. D. CAEL. BALBINVS. AVG. Sa tête radiée.

R. CONCORDIA. AVGG. Deux mains jointes.

R. P. M. TR. P. COS. II. P. P. Figure debout,

tenant un rameau et un sceptre renversé.

R̶. VICTORIA. AVGG. Victoire debout, tenant une palme et une couronne.

*6. PUPIEN.

IMP. CAES. PVPIEN. MAXIMVS. AVG. Sa tête radiée.

R̶. AMOR. MVTVVS. AVGG. Deux mains jointes.

R̶. P. M. TR. P. COS. II. P. P. Figure debout, tenant un caducée et une haste.

82. GORDIEN LE PIEUX.

IMP. GORDIANVS. PIVS. FEL. AVG. Sa tête radiée.

R̶. CONCORDIA. MILIT. Femme assise, tenant une patère et une double corne d'abondance.

R̶. DIANA. LVCIFERA. Diane debout, tenant une torche des deux mains.

R̶. P. M. TR. P. III. COS. P. P. Figure à cheval.

R̶. VENVS. VICTRIX. Vénus debout, appuyée sur un bouclier, tenant un casque et une haste inclinée.

✱ 1. TRANQUILLINE.

SABINIA. TRANQUILLINA. AVG. Sa tête.

R̶. PIETAS. AVG. Figure debout.

67. PHILIPPE, père.

IMP. PHILIPPVS. AVG. Sa tête radiée.

R⳽. FELICITAS. IMPP. dans une couronne.

✸ IMP. PHILIPPVS. AVG. Tête radiée de Philippe père.

R⳽. IMP. PHILIPPVS. AVG. Tête radiée de Philippe fils.

R⳽. SAECVLVM. NOVVM. Temple à six colonnes.

12. OTACILIA-SEVERA.

MARCIA. OTACILIA. SEVERA. AVG. Sa tête.

R⳽. PIETAS. AVG. N. Femme debout, tenant un globe et une haste posée transversalement ; à ses pieds, un enfant.

R⳽. PVDICITIA. AVG. Femme assise, tenant une haste posée transversalement.

20. PHILIPPE, fils.

IMP. PHILIPPVS. AVG. Sa tête radiée.

R⳽. LIBERALITAS. AVGG. III. Les deux empereurs assis.

R⳽. PRINCIPI. IVVENT. Deux figures debout, tenant un globe et une lance.

✸ 1. PACATIEN (douteux.)

IMP. TI. CL. MAR. PACATIANVS. P. P. AVG. Sa tête radiée.

R̶. FIDES. MILITVM. Femme debout, tenant deux enseignes militaires.

26. TRAJAN-DÈCE.

IMP. C. M. Q. TRAIANVS. DECIVS. AVG. Sa tête radiée.

R̶. ADVENTVS. AVG. Figure à cheval.

R̶. VIRTVS. AVG. Soldat assis, tenant un rameau et une haste.

7. ETRUSCILLE.

HER. ETRVSCILLA. AVG. Sa tête.

R̶. FECONDITAS. AVGG. Femme debout, tenant une corne d'abondance ; à ses pieds, un enfant.

R̶. IVNO. REGINA. Junon debout, tenant une patère et une haste ; à ses pieds, un paon.

10. HERENNIUS.

Q. HER. ETR. MES. DECIVS. NOB. C. Sa tête radiée.

R̶. CONCORDIA. AVG. Deux mains jointes.

R̶. (3) PIETAS. AVGVSTORVM. Vases pontificaux.

R̶. PIETAS. AVGG. Mercure debout, tenant une bourse et un caducée.

R̶. SPES. PVBLICA. Figure debout, tenant une fleur.

*6. HOSTILIEN.

C. VALENS. HOSTIL. MES. QVINTVS. AVG. Sa tête radiée.

R⳨. CONCORDIA. AVG. Deux mains jointes.

R⳨. MARS. PROPVG. Mars passant, tenant un bouclier et une lance.

R⳨. MARTI. PROPVGNATORI. Même type.

✶ C. OVAL. OSTIL. MES. COVINTVS. AVG. Sa tête radiée.

R⳨. VICTORIA. AVG. Victoire passant, tenant une couronne et une palme.

31. TRÉBONIEN-GALLE.

R⳨. ADVENTVS. AVG. L'empereur à cheval.

IMP. C. C. VIB. TREB. GALLVS. P. F. AVG. Sa tête radiée.

R⳨. PVDICITIA. AVG. Femme assise, tenant une haste posée transversalement et portant la main droite devant son visage.

R⳨. SAECVLVM. NOVVM. Figure assise dans un temple.

27. VOLUSIEN.

IMP. CAE. C. VIB. VOLVSIANO. AVG. Sa tête radiée.

R⳨. EQVITAS. AVGG. Figure debout, tenant des balances et une corne d'abondance.

R̸. ROMAE. AETERNAE. AVG. Rome assise, tenant une Victoire et une haste.

IMP. C. V. AF. GAL. VEND. VOLVSIANO. AVG. Sa tête radiée.

R̸. VBERITAS. (sic.) AVG. Femme debout, tenant une bourse et une corne d'abondance.

*15. ÉMILIEN.

IMP. AEMILIANVS. PIVS. FEL. AVG. Sa tête radiée.

R̸. APOL. CONSERVAT. Apollon debout, appuyé sur sa lyre, tenant une branche d'olivier.

R̸. DIANAE. VICTRI. Diane debout, tenant un arc et une flèche.

R̸. IOVI. CONSERVAT. Jupiter debout, tenant son foudre au-dessus de l'empereur, et une haste de la main gauche.

R̸. SPES. PVBLICA. Figure debout, tenant une fleur.

67. VALÉRIEN, père.

* IMP. C. P. LIC. VALERIANVS. AVG. Sa tête radiée.

R̸. DIANA. LVCIFERA. Diane debout, tenant des deux mains une torche.

R̸. FORTVNA. REDVX. Mercure debout, tenant une bourse et un caducée.

℞. GALLIENVS. CVM. EXER. SVO. Jupiter debout sur un cippe, sur lequel est écrit : IOVI. VICTORI.

℞. IOVI. CONSERVATORI. ORBIS. Jupiter assis, tenant une patère et une haste ; à ses pieds, une aigle.

℞. LIBERALITAS. AVGG. III. Femme debout, tenant une tessère et une corne d'abondance.

℞. PACATORI. ORBIS. Jupiter assis, tenant une patère et une haste ; à ses pieds, une aigle.

℞. PIETAS. AVGG. Deux figures debout, tenant chacune une patère ; au milieu d'elles, un autel.

℞. RESTITVT. GENER. HVMANI. L'empereur debout, la tête radiée, tenant un globe et levant la main droite.

℞. (2) SECVRIT. PERPET. Femme debout, appuyée sur une colonne, une haste à la main.

℞. VICTORIA. GERMANICA. Victoire debout.

℞. VICTORIA. EXERCIT. Victoire debout, tenant une palme et une couronne.

℞. VOTA. ORBIS. Deux Victoires attachant à un palmier un bouclier, sur lequel on lit : s. c.

*8. MARINIANA.

(3) DIVAE. MARINIANAE. Sa tête voilée.

R࣐. CONSECRATIO. Mariniane enlevée sur un paon.

R࣐. (1) CONSECRATIO. Paon tourné à droite, les ailes déployées.

R࣐. (4) CONSECRATIO. Paon de face, la queue déployée.

237. GALLIEN.

GALLIENVS. AVG. Sa tête radiée.

R࣐. AETERNITAS. AVG. Romulus et Remus allaités par une louve.

R࣐. CONCORDIA. AVGG. Deux mains jointes.

R࣐. COHII. PRAET. VI. P. VI. F. Lion à tête radiée.

R࣐. GENIVS. AVG. Figure nue debout, tenant une patère et une corne d'abondance.

*R࣐. IVBENTVS. (sic.) AVG. Jupiter debout, tenant une Victoire et une haste; à l'exergue : VII. C.

R࣐. LEG. I. ADI. VI. P. VI. F. Capricorne.

R࣐. LEG. I. ITAL. VI. P. VI. F. Sanglier.

R࣐. LEG. I. ITAL. VII. P. VII. F. Veau marin.

R࣐. LEG. I. MIN. VI. P. VI. F. Minerve debout, tenant une Victoire, une lance et un bouclier.

℞. LEG. II. ADI. VI. P. VI. F. Pégase.

℞. LEG. II. PART. VI. P. VI. F. Centaure.

℞. LEG. III. ITAL. VI. P. VI. F. Cigogne.

℞. LEG. IIII. FL. VI. P. VI. F. Lion.

℞. LEG. V. MAC. VI. P. VI. F. Victoire debout, tenant une palme et une couronne ; à ses pieds, une aigle.

℞. LEG. VII. CL. VI. P. VI. F. Bœuf.

℞. LEG. VII. CL. VII. P. VII. F.

℞. LEG. VIII. AVG. VI. P. VI. F. } Même type.

℞. LEG. X. GEM. VI. P. VI. F.

℞. LEG. XI. GL. VI. P. VI. F. Neptune debout, tenant un trident et un dauphin.

℞. LEG. XIII. GEM. VI. P. VI. F. Victoire debout, tenant une couronne et une palme ; à ses pieds, un lion.

℞. (2) LEG. IIXX. VI. P. VI. F. Capricorne.

LIBERO. P. CONS. AVG. Panthère ; à l'exergue, B.

* ℞. LVNA. LVCIFERA. Diane debout, tenant une torche des deux mains.

* ℞. NEPTVNO. CONS. AVG. Cheval marin ; à l'exergue, N.

* ℞. ORIENS. AVG. L'empereur debout, tenant une haste devant une femme qui lui présente une couronne ; dans le champ, une couronne.

℞. PAX. ETERNA. AVG. Femme debout, tenant

un rameau d'olivier et une haste posée
transversalement ; dans le champ, L.

R̶. (3) PAX. FVNDATA. Trophée et deux captifs ; à
l'exergue, une branche de palmier.

R̶. PROVIDENTIA. AVG. Mercure debout, tenant
une bourse et un caducée.

R̶. SAECVLARES. AVG. Cerf.

* R̶. SALVS. AVG. Figure nue, debout, appuyée
sur un trépied et tenant une fleur ; à
l'exergue, PAX.

R̶. SOLI. CONS. AVG. Bœuf ; à l'exergue, XI.

* R̶. VOTA. ORBIS. Deux Victoires attachant un
bouclier à un palmier. S. C.

R̶. VIRTVS. AVG. L'empereur à cheval, terrassant un ennemi.

R̶. VOTIS. DECENNALIBVS. dans une couronne.

R̶. VOT. X. E. T. XX. dans une couronne de
chêne.

* 24. RESTITUTIONS DE GALLIEN.

(3) DIVO. AVGVSTO. Sa tête radiée.

R̶. (2) CONSECRATIO. Autel.

R̶. CONSECRATIO. Aigle.

(3) DIVO. VESPASIANO. Sa tête radiée.

R̶. (2) CONSECRATIO. Autel.

R̶. CONSECRATIO. Aigle.

(2) DIVO. TITO. Sa tête radiée.

R̶. CONSECRATIO. Autel.

R̸. CONSECRATIO. Aigle.

(2) DIVO. NERVAE. Sa tête radiée.

R̸. CONSECRATIO. Autel.

R̸. CONSECRATIO. Aigle.

(3) DIVO. TRAIANO. Sa tête radiée.

R̸. (2) CONSECRATIO. Autel.

R̸. CONSECRATIO. Aigle.

(4) DIVO. PIO. Sa tête radiée.

R̸. (3) CONSECRATIO. Autel.

R̸. CONSECRATIO. Aigle.

(2) DIVO. COMMODO. Sa tête radiée.

R̸. CONSECRATIO. Autel.

R̸. CONSECRATIO. Aigle.

DIVO. SEVERO. Sa tête radiée.

R̸. CONSECRATIO. Autel.

(3) DIVO. ALEXANDRO. Sa tête radiée.

R̸. CONSECRATIO. Autel.

R̸. (2) CONSECRATIO. Aigle.

24. SALONINE.

(2) SALONINA. AVG. Sa tête.

R̸. AVGVSTA. IN. PACE. Femme assise, tenant
une branche d'olivier et une haste posée
transversalement ; à l'exergue de l'une
il y a un P.

*R̸. BENERI. (sic.) GENETRICI. Vénus debout, te-
nant une pomme et une haste.

R̸. CONCORDIA. AVGG. L'empereur Gallien donnant la main à Salonine.

℞. (2) DEAE. SEGETIAE. Figure debout, dans un temple.

℞. ROMAE. AETERNAE. Rome assise, présentant une Victoire à Gallien qui est debout.

27. VALÉRIEN, jeune.

(2) DIVO. VALERIANO. CAES. Sa tête radiée.

℞. CONSECRATIO. Valérien porté sur une aigle.

℞. CONSECRATIO. Le bûcher.

℞. PRINC. IVVENTVTIS. Valérien debout, tenant un bouclier, une haste, et couronnant un trophée.

℞. PRINC. IVVENTVTIS. Valérien debout; derrière lui, deux enseignes militaires.

✱ 1. CORNELIA-SUPERA.

C. CORNEL. SVPERA. AVG. Sa tête avec le croissant.

℞. VESTA. Vesta debout, tenant une patère et une haste posée transversalement.

12. SALONIN.

P. COR. SAL. VALERIANVS. CAES. Sa tête radiée.

℞. DII. NVTRITORES. Jupiter debout, tenant une haste et une Victoire qu'il présente à l'empereur, debout devant lui.

℞. SPES. PVBLICA. Deux figures debout; au-dessus, une couronne.

R̸. victoria. part. Victoire debout , présentant une couronne à Salonin qui est debout devant elle, tenant un globe et une
haste.

*5. MACRIEN, jeune.

imp. c. fvl. macrianvs. p. f. avg. Sa tète
radiée.

R̸. apolini. (sic.) conserva. Apollon debout.

R̸. aeqvitas. avgg. Femme debout , tenant
des balances et une corne d'abondance.

R̸. iovi. conservator. Jupiter assis, tenant
une patère et une haste ; à ses pieds , une
aigle.

R̸. sol. invicto. Apollon debout, la tête radiée , tenant un globe.

R̸. spes. pvblica. Figure debout, tenant une
fleur.

*6. QUIETUS.

imp. c. fvl. qvietvs. p. f. avg. Sa tète radiée.

R̸. apolini. (sic.) conserva. Apollon debout,
appuyé sur sa lyre , tenant une branche
d'olivier ; dans le champ, une étoile.

R̸. aeqvitas. avgg. Femme debout , tenant
une corne d'abondance et des balances.

R̸. iovi. conservator. Jupiter assis , tenant

une patère et une haste ; à ses pieds,
une aigle.

R). INDVLGENTIAE. AVG. Femme assise, tenant
une patère et une haste posée transversalement.

R). ROMAE. AETERNAE. Rome assise, tenant une
Victoire et une haste.

R). SOL. INVICTO. Apollon debout, à tête radiée,
tenant un globe.

64. POSTUME, père.

IMP. C. POSTVMVS. P. F. AVG. Sa tête radiée.

R). DIANAE. REDVCI. Diane tenant une biche.

R). HERC. DEVSONIENSI. Hercule debout, dans
un temple.

R). MERCVRIO. FELICI. Mercure debout, tenant
une bourse et un caducée.

R). MINER. FAVTR. Minerve passant, tenant un
rameau, un bouclier et une haste.

R). PACATOR. ORBIS. Tête radiée.

R). RESTIT. GALLIARVM. L'empereur debout,
tenant une haste, et relevant une femme
à genoux.

2. POSTUME, fils.

(2) IMP. C. POSTVMVS. P. F. AVG. Sa tête radiée.

R). SALVS. PROVINCIARVM. Fleuve, assis à terre,
appuyé sur son urne.

* 2. LÆLIEN. (Billon.)

IMP. C. LAELIANVS. P. F. AVG. Sa tête radiée.

R̸. VICTORIA. AVG. Victoire passant, tenant une palme et une couronne.

8. VICTORIN, père. (Billon.)

✥ IMP. CAES. VICTORINVS. P. F. AVG. Sa tête laurée.

R̸. ROMAE. AETERNAE. Tête de Rome casquée. ('Argent fin.)

R̸. FIDES. MILITVM. Femme debout, entre deux enseignes militaires.

R̸. PAX. AVG. Femme debout, tenant une branche d'olivier et une haste.

1. VICTORIN, fils. (Billon.)

IMP. C. PI. VICTORINVS. AVG. Sa tête radiée.

R̸. AEQVITAS. AVG. Femme debout, tenant des balances et une corne d'abondance.

3. MARIUS. (Billon.)

IMP. C. MARIVS. P. F. AVG. Sa tête radiée.

R̸. CONCORDIA. MILITVM. Deux mains jointes.

R̸. SAEC. FELICITAS. Femme debout, tenant un caducée et une corne d'abondance.

R̸. VIRTVS. AVG. Soldat debout, appuyé sur un bouclier et tenant une haste.

(66)

16. CLAUDE II. (Billon.)

IMP. C. CLAVDIVS. AVG. Sa tête radiée.

R̶. ADVENTVS. AVG. L'empereur à cheval.

R̶. CONSECRATIO. Aigle éployée.

R̶. CONSECRATIO. Autel.

*R̶. LIBERITAS. (sic.) AVG. Mercure debout, te-
nant une bourse et un caducée.

R̶. VICTORIA. AVG. Victoire debout, tenant une
couronne et une palme.

5. QUINTILLUS. (Billon.)

IMP. QVINTILLVS. AVG. Sa tête radiée.

R̶. FIDES. MILIT. Femme debout, tenant deux
enseignes militaires.

R̶. VICTORIA. AVG. Victoire passant, tenant
une couronne et une palme.

20. AURÉLIEN. (Billon.)

(2) IMP. C. AVRELIANVS. AVG. Sa tête radiée.

R̶. CONCORDIA. MILITVM. Deux figures debout,
se donnant la main.

R̶. IOVI. CONSER. Jupiter et l'empereur tenant
chacun une haste.

R̶. (2) PROVIDEN. DEOR. Femme debout, tenant
deux enseignes, et Apollon tenant un
globe.

* ℞. RESTITVTOR. EXERCITI. (sic.) L'empereur tenant une haste, un soldat tenant une
lance ; dans le champ, T. ; à l'exergue,
XXI.

℞. RESTITVTOR. ORBIS. L'empereur debout, tenant une haste, devant une Victoire qui
lui présente une couronne.

7. SÉVÉRINE. (Billon.)

SEVERINA. AVG. Sa tête.

℞. CONCORDIAE. MILITVM. Femme debout, tenant deux enseignes.

℞. CONCORDIA. AVG. L'empereur et Sévérine
se donnant la main.

℞. VENVS. FELIX. Vénus debout, tenant une
haste et un casque. (Petit module.)

* I. VABALATHE. (Billon.)

VABALATHVS. VCRIMDR. Sa tête laurée.
℞. IMP. C. AVRELIANVS. AVG. Sa tête radiée.

8. TÉTRICUS, père. (Billon.)

IMP. TETRICVS. AVG. Sa tête radiée.

℞. HILARITAS. AVGG. Femme debout, tenant
une branche de palmier et une corne
d'abondance.

℞. PIETAS. AVG. Femme debout, devant un
autel.

4. TÉTRICUS, fils. (Billon.)

C. PIVES. V. TETRICVS. CAES. Sa tête radiée.

Rʄ. COMES. AVG. Victoire debout, tenant une palme et une couronne.

Rʄ. SPES. AVGG. Femme debout, tenant une fleur.

Rʄ. SPES. PVBLICA. Même type que le précédent

23. TACITE. (Billon.)

IMP. C. M. CL. TACITVS. AVG. Sa tête radiée.

Rʄ. CONSERVAT. MILIT. Deux figures qui se donnent la main.

Rʄ. MARS. VICTOR. Mars passant, portant un trophée.

Rʄ. SPES. PVBLICA. Femme debout, tenant une fleur; à l'exergue, CA.

*Rʄ. VICTORIA. GOTTHI (sic.) Victoire debout, tenant une couronne et une palme; à l'exergue, P.

4. FLORIEN. (Billon.)

IMP. C. FLORIANVS. AVG. Sa tête radiée.

Rʄ. FIDES. MILIT. Femme debout, tenant une haste et une enseigne militaire.

Rʄ. SALVS. AVG. Femme debout, tenant une haste et une patère.

67. PROBUS. (Billon.)

VIRTVS. PROBI. AVG. Buste de Probus, la tête casquée.

R⳹. ADVENTVS. PROBI. AVG. L'empereur à cheval, foulant un captif; à l'exergue, s.

R⳹. HERCVLI. PACIF. Hercule debout, tenant une branche d'olivier et une massue; à l'exergue, SXXT.

R⳹. IOVI. CONS. PROB. AVG. Jupiter debout, tenant un foudre et une haste; à l'exergue, un foudre entre les lettres R. B.

R⳹. (2) SOLI. INVICTO. Le soleil dans un quadrige.

R⳹. (2) VIRTVS. PROBI. AVG. Soldat passant, tenant une lance et un trophée.

R⳹. (2) VIRTVS. PROBI. AVG. L'empereur à cheval, terrassant un captif.

R⳹. (3) VICTORIA. GERM. Trophée entre deux captifs.

R⳹. (2) VICTORIA. AVG. Victoire passant, tenant une couronne et un trophée.

11. CARUS. (Billon.)

IMP. CARVS. P. F. AVG. Sa tête radiée.

R⳹. AETERNIT. IMPERI. Le Soleil à tête radiée, tenant un fouet; à l'exergue, KAA.

R⳹. (5) CONSECRATIO. Aigle éployée.

R⳹. PAX. AVGG. Femme debout, tenant une

branche d'olivier et une haste posée transversalement ; à l'exergue , B.

* IMP. C. M. AVR. KARVS. (sic.) P. F. AVG. Sa tête radiée.

R̸. PAX.EXERCITI. (sic.) Femme debout, tenant une branche d'olivier et une enseigne militaire ; à l'exergue , VI. XXI.

R̸. VICTORIA. AVGG. Victoire sur un globe, tenant une palme et une couronne.

R̸. VIRTVS. AVGG. Deux figures debout, tenant une Victoire Stéphanéphore ; dans le champ, A. ; à l'exergue , XXI.

*4. MAGNIA-URBICA. (Billon.)

MAGNIA. VRBICA. AVG. Sa tête.

R̸. VENVS. CELEST. Vénus debout, tenant un globe et une haste ; à l'exergue , S. XXI.

R̸. (2) VENVS. GENETRIX. Vénus debout , tenant une pomme et une haste.

R̸. VENVS. VICTRIX. Vénus debout, appuyée sur un bouclier, tenant un casque et une haste ; à l'exergue , SXXIT.

5. NUMÉRIEN. (Billon.)

IMP. NVMERIANVS. AVG. Sa tête radiée.

R̸. IOVI. VICTORI. Jupiter debout, tenant une Victoire et une haste ; à ses pieds, une aigle ; à l'exergue , KAB.

*R̶. VNDIQVE. VICTORES. L'empereur debout, tenant un globe et une haste; à l'exergue, KAS.

7. CARIN. (Billon.)

IMP. CARINVS. P. F. AVG. Sa tête radiée.

R̶. AEQVITAS. AVGG. Femme debout, tenant des balances et une corne d'abondance.

R̶. PRINCIPI. IVVENTVT. L'empereur debout, tenant une haste et une enseigne militaire.

R̶. VIRTVS. AVGG. Deux figures debout, se donnant la main et portant une Victoire sur un globe.

*1. NIGRINIEN. (Petit bronze.)

DIVO. NIGRINIANO. Sa tête radiée.

R̶. CONSECRATIO. Aigle éployée.

20. DIOCLÉTIEN. (Argent pur.)

DIOCLETIANVS. AVG. Sa tête laurée.

R̶. F. ADVENT. AVGG. N. N. Femme debout, tenant une enseigne militaire et une dent d'éléphant; à l'exergue, P.

*R̶. VICTORIA. AVGG. Camp prétorien; à l'exergue, une étoile, SIS.

R̶. (2) VICTORIAE. SARMATICAE. Camp prétorien; à l'exergue, SMNT.

R⳨. (2) VICTORIA. SARMAT. Quatre soldats sacrifiant devant la porte d'un camp.

R⳨. VICTORIAE. SARMATICAE. Même type.

R⳨. (11) VIRTVS. MILITVM. Même type, avec des différences dans l'exergue.

R⳨. VIRTVS. MILITVM. Camp prétorien ; à l'exergue, ALE.

R⳨. XCVI. AQ. dans une couronne.

4. (En billon.)

R⳨. IOVI. CONSERVAT. AVG. Jupiter debout, tenant un foudre et une haste.

R⳨. IOVI. AVGG. Jupiter assis, tenant une Victoire sur un globe et appuyé sur une haste.

R⳨. PAX. AVGG. Femme debout, tenant une Victoire et une haste.

R⳨. VIRTVS. AVGG. Hercule debout, tenant un arc et appuyé sur une massue.

* 20. MAXIMIEN-HERCULE. (Argent pur.)

MAXIMIANVS. AVG. Sa tête laurée.

R⳨. F. ADVENT. AVGG. N. N. Femme debout, tenant une enseigne militaire et une dent d'éléphant ; à l'exergue, s.

R⳨. (3) VICTORIAE. SARMATICAE. Camp prétorien.

R⳨. (2) VICTORIAE. SARMAT. Quatre soldats sacrifiant devant la porte d'un camp.

R⸫. (8) VIRTVS. MILITVM. Même type, avec des différences dans l'exergue.

R⸫. (4) VIRTVS. MILITVM. Camp prétorien.

R⸫. X. C. VI. dans une couronne.

R⸫. XCVI. AQ. dans une couronne.

4. (En billon.)

R⸫. HERCVLI. PACIFERO. Hercule debout, tenant
sa massue et une branche d'olivier.

R⸫. (Quinaire.) MEMORIAE. AETERNAE. Lion.

R⸫. PAX. AVGG. Femme debout, tenant une
Victoire et une haste.

R⸫. VIRTVS. AVGG. Hercule terrassant un lion.

★ 13. CONSTANCE-CHLORE. (Argent pur.)

CONSTANTIVS. CAESAR. Sa tête laurée.

R⸫. PROVIDENTIAE. AVGG. Quatre soldats sacrifiant devant la porte d'un camp; à l'exergue, IIΓ.

R⸫. VICTORIA. SARMAT. Même type.

R⸫. (10) VIRTVS. MILITVM. Même type, avec des différences dans l'exergue.

R⸫. XCVI. dans une couronne.

4. HÉLÈNE. (Billon.)

(2) FL. HELENA. AVGVSTA. Sa tête.

R⸫. SECVRITAS. REIPVBLICAE. Femme debout, tenant une branche de laurier.

R͟. (2 quinaires.) PAX. PVBLICA. Femme debout, tenant une branche d'olivier et une haste.

✢ 2. THÉODORA. (Quinaires, argent pur.)

✢ FL. MAX. THEODORAE. AVG. Sa tête.

R͟. PIETAS. ROMANA. Femme debout, tenant un enfant dans ses bras; à l'exergue, TR. P. et une palme.

✢ Sa tête sans légende.

R͟. K. dans le champ sans autre légende. (Ces deux médailles sont citées dans Beauvais, tom. II, pag. 153.)

1.(En bronze.)

FL. MAX. THEODORAE. AVG. Sa tête.

R͟. PIETAS. ROMANA. Femme debout, tenant un enfant; à l'exergue, TR. P.

★ 13. GALÈRE-MAXIMIEN. (Argent pur.)

MAXIMIANVS. CAES. Sa tête laurée.

R͟. VICTORIA. SARMAT. Quatre soldats sacrifiant devant la porte d'un camp; à l'exergue, Z.

R͟. (11) VIRTVS. MILITVM. Même type; elles diffèrent entr'elles par les lettres qui sont dans l'exergue.

R͟. (1 quinaire.) VIRTVS. MILITVM. Porte de ville; à l'exergue, TR.

✣ 3. CARAUSIUS. (Argent pur.)

✱ IMP. CARAVSIVS. P. F. AVG. Sa tête laurée.

R⹀. EXPECTATE. VENI. L'empereur debout, tenant une haste, et donnant la main à une femme qui tient aussi une haste surmontée d'un caducée ; à l'exergue, R. S. R.

R⹀. FIDEM. MILITVM. N. N. Femme debout, tenant des balances et une corne d'abondance.

R⹀. ROMANOR. RENOV. Remus et Romulus allaités par une louve ; à l'exergue, R. S. R.

✱ 3. ALLECTUS. (Billon.)

IMP. C. ALLECTVS. P. F. AVG. Sa tête radiée.

R⹀. PAX. AVG. Femme debout, tenant un rameau d'olivier et une haste ; dans le champ, S. A. ; à l'exergue, M. L.

R⹀. PAX. AVG. Femme debout, tenant un rameau d'olivier et une haste ; dans le champ, S. P. ; à l'exergue, C.

3. MAXIMIN-DAZA. (Billon.)

IMP. MAXIMINVS. AVG. Sa tête laurée.

R⹀. GENIO. POP. ROM. Figure debout, tenant une patère et une corne d'abondance ; dans le champ, T. F. ; à l'exergue, P. TR.

R⳹. SOLI. INVICTO. COMITI. Le soleil dans un quadrige ; à l'exergue, P. TR.

✠ MAXIMINVS. NOB. CAES. Sa tête laurée.

R⳹. VIRTVS. MILITVM. Porte de ville ; à l'exergue, TR. (Quinaire argent pur, cité dans Beauvais, tom. II, pag. 185.)

✠ 2. MAXENCE. (Argent pur.)

MAXENTIVS. P. F. AVG. Sa tête laurée.

R⳹. MARTI. PROPVG. IMP. AVG. N. Mars debout, tenant une haste et donnant la main à une femme ; entr'eux, la louve allaitant Remus et Romulus ; à l'exergue, R. Q.

★R⳹ TEMPORVM. FELICITAS. AVG. N. Remus et Romulus allaités par une louve ; à l'exergue, MOSTA.

✠ 1. ROMULUS. (Argent pur.)

DIVO. ROMVLO. N. V. BIS. CONS. Sa tête nue.

R⳹. AETERNAE. MEMORIAE. Temple rond ; à l'exergue, A. Q.

4. LICINIUS, père. (Billon.)

IMP. LICINIVS. P. F. AVG. Sa tête laurée.

R⳹. GENIO. POP. ROM. Figure debout, tenant une palme et une corne d'abondance ; dans le champ, T. F. ; à l'exergue, P. TR.

R⳹. LICINI. AVGVSTI. ; dans le champ, VOTIS. XX.

3. L I C I N I U S, jeune. (Billon.)

LICINIVS. IVN. NOB. C. Sa tête laurée.

R̵. ROMAE. AETERNAE. Rome assise, tenant un bouclier, sur lequel on lit : x̌. v. ; dans le champ, P. R.

✤ 1. M A R T I N I E N. (Petit bronze.)

D. N. N. MARTINIANVS. P. F. AVG. Sa tête radiée.

R̵. IOVI. CONSERVATORI. Jupiter debout, tenant une Victoire et une haste ; à sa droite, une aigle tenant une couronne ; à sa gauche, iĭi. et un captif ; à l'exergue, SMNT.

★ 7. C O N S T A N T I N Iᵉʳ. (Argent pur.)

CONSTANTINVS. P. F. AVG. Sa tête avec le diadème.

R̵. CONSTANTINVS. AVG. Victoire passant, tenant une couronne et une palme ; à l'exergue, SIS.

Sans légende. Tête de Constantin avec le diadème.

R̵. CONSTANTINVS. AVGVSTVS. Même type.

R̵. VIRTVS. MILITVM. Porte de ville ; à l'exergue, P. TR.

R͞. (3) VIRTVS. MILITVM. Même type. (En petit module.)

⁂n billon.)

R͞. VICTORIAE. LAETAE. PRINC. PERP. Deux Victoires debout, tenant sur un autel un
bouclier, sur lequel on lit : VOT. PR. ; à
l'exergue, STR.

2. FL. MAX. FAUSTA. (Billon.)

FLAV. MAX. FAVSTA. AVG. Sa tête.

R͞. SALVS. REIPVBLICAE. Femme debout, tenant
deux enfans dans ses bras ; à l'exergue,
P. L. C.

R͞. SPES. REIPVBLICAE. Même type ; à l'exergue,
P. TR. ◡

5. CRISPUS. (Billon.)

✶ CRISPVS. NOB. CAES. Sa tête couronnée de
lauriers.

R͞. VOT. X ◡ . dans une couronne, autour de
laquelle on lit : DOMINOR. NOSTROR. CAESS. ;
à l'exergue, TT. (En argent.)

✶2. DELMATIUS. (Petit bronze.)

FL. DELMATIVS. NOB. CAES. Sa tête couronnée.

R͞. GLORIA. EXERCITVS. Deux soldats debout ;
entr'eux, deux enseignes militaires.

✣ 1. HANNIBALLIEN. (Petit bronze.)

L. HANNIBALLIANO. REGI. Sa tête nue.

R✣. SECVRITAS. PVBLICA. Figure assise à terre.

5. CONSTANTIN, jeune. (Billon.)

CONSTANTINVS. IVN. N. C. Sa tête radiée, avec le *paludamentum*.

R✣. VIRTVS. EXERCIT. Le *labarum* entre deux captifs, avec ces mots : VOT. XX. ; à l'exergue, PLV.

R✣. VICTORIAE. LAETAE. PRINC. PERP. Deux Victoires, tenant sur un autel un bouclier, sur lequel est écrit : VOT. P. R.

6. CONSTANT. (Argent.)

FL. IVL. CONSTANS. P. F. AVG. Sa tête diadémée.

R✣. FEL. TEMP. REPARATIO. Victoire écrivant sur un bouclier soutenu par un esclave, VOT. XX. ; à l'exergue, R.

*R✣. VICTORIA. DD. NN. AVGG. Victoire passant, tenant une couronne et une palme, et traînant un captif; à l'exergue, R.

R✣. VICTORIAE. D. N. AVGG. Deux Victoires, tenant un bouclier, sur lequel est écrit : VOT. X. MVLT. XV. ; à l'exergue, TR.

R⁀. VICTORIA. DD. NN. AVGG. Victoire passant, tenant une couronne et un trophée ; à l'exergue, TES.

R⁀. Même légende. Victoire passant, tenant une couronne et une palme; à l'exergue, TR.

R⁀. VICTORIA. AVGVSTORVM. Victoire passant, tenant une couronne et une palme; à l'exergue, SIS. ☾.

33. CONSTANCE II. (Argent.)

* FL. IVL. CONSTANTIVS. P. F. AVG. Sa tête diadémée.

R⁀. FEL. TEMP. REPARATIO. Victoire écrivant VOT. XX. sur un bouclier soutenu par un esclave; à l'exergue, R.

✳R⁀. (2) FELICITAS. REIPVBLICAE. Une couronne, dans laquelle est écrit : VOT. XX. MVLT. XXX.; à l'exergue, C. Γ.

*R⁀. FELICITAS. PERPETVA. Victoire passant, tenant une couronne et une palme; à l'exergue, ✶A. Q.

*R⁀. SPES. REIPVBLICE. (sic.) Figure debout, tenant un globe et une haste; à l'exergue, TES.

R⁀. VOTIS. XX. MVLTIS. XXX. dans une couronne; à l'exergue, ANT.

℟. (2) VOTIS. XXV. MVLTIS. XXX. dans une couronne; à l'exergue, SMN.

℟. (15) VOT. XXX. MVLT. XXXX. dans une couronne, avec des différences dans l'exergue.

℟. (2) VICTORIA. DD. NN. AVGG. Victoire passant, tenant une couronne et une palme; à l'exergue, TR.

℟. VICTORIA. AVGVSTI. Victoire passant, tenant une couronne et une palme; à l'exergue, R.

℟. VICTORIA. AVGVSTORVM. Même type; à l'exergue, SIS ☋.

℟. VICTORIA. AVGG. NN. Même type; à l'exergue, PARL.

℟. VICTORIA. DD. NN. AVGG. Même type; à l'exergue, LVG.

℟. VICTORIA. DD. NN. AVGG. Même type; à l'exergue, TR.

℟. VICTORIA. DD. NN. AVGG. Victoire passant, tenant une couronne et un trophée; dans le champ, une étoile; à l'exergue, SLC.

℟. VICTORIA. AVGVSTORVM. Même type; à l'exergue, SIS ☋.

℟. VICTORIA. DD. NN. AV. TORV. Victoire assise, écrivant. VOT. XXXX. dans une couronne portée par un génie enfant; à l'exergue, SMAN. (Petit module.)

3. (En billon.)

℞. GLORIA. EXERCITVS. Deux soldats debout, séparés par une enseigne militaire.

✶ 1. VETRANION. (Argent pur.)

D. N. VETRANIO. P. F. AVG. Sa tête laurée.

℞. VICTORIA. AVGVSTORVM. Victoire passant, tenant une couronne et un trophée ; à l'exergue , SIS. (Citée dans Beauvais, tom. II, pag. 253 ; poids, 60 grains.)

✶ 2. MAGNENCE. (Argent pur.)

D. N. MAGNENTIVS. P. F. AVG. Sa tête nue.

℞. FELICITAS. PERPETVA. Victoire passant, tenant une couronne et un trophée ; à l'exergue, LVG.

℞. VIRTVS. EXERCITI. (sic.) Soldat debout, tenant une lance renversée , et s'appuyant sur un bouclier ; à l'exergue, TR.

2. DÉCENCE. (Bronze.)

D. N. DECENTIVS. CAESAR. Sa tête nue.

℞. VICTORIAE. DD. NN. AVG. ET. CAES. Deux Victoires debout, tenant une couronne, dans laquelle est écrit : VOT. V. MVLT. X.

✶ 2. CONSTANTIUS-GALLUS. (Argent.)

D. N. CONSTANTIVS. NOB. CAES. Sa tête nue.

R⁕. Etoile dans une couronne ; à l'exergue de l'une, R., et de l'autre, LVG.

3o. JULIEN II. (Argent.)

(2) FL. CL. IVLIANVS. NOB. CAES. Sa tête nue.

R⁕. Etoile dans une couronne ; à l'exergue, T. CON.

✷R⁕. VICTORIA. DD. NN. AVG. Victoire passant, tenant une couronne et une palme ; à l'exergue, LVG.

✷ FL. CL. IVLVS. (sic.) P. P. AVG. Tête de Julien avec le diadème.

R⁕. OTIS. ILTIS. X. (sic.) dans une couronne ; à l'exergue, LVG.

R⁕.(16) VOTIS. V. MVLTIS. X. dans une couronne, avec des différences dans l'exergue.

R⁕.(10) VOTIS. X. MVLT. XX. dans une couronne, avec des différences dans l'exergue.

✷5. JOVIEN. (Argent.)

(4) D. N. IOVIANVS. P. F. AVG. Sa tête diadémée.

R⁕. VOT. V. MVLT. X. dans une couronne, avec des différences dans l'exergue.

✷R⁕. VOT. X. MVLT. XX. dans une couronne ; à l'exergue, T. CONST.

14. VALENTINIEN Ier.

(5) D. N. VALENTINIANVS. P. F. AVG. Sa tête diadémée.

R﹜. RESTITVTOR. REIP. L'empereur debout, tenant le *labarum* et une Victoire, avec
différentes lettres dans l'exergue.

*R﹜. VRTVS. (sic.) ROMANORVM. Rome assise, te-
nant une Victoire et une haste ; dans le
champ, une étoile ; à l'exergue, TRPS.

R﹜. VOT. V. dans une couronne ; à l'exergue,
QA.

R﹜. VOT. V. MVLT. X. dans une couronne ; à
l'exergue, TR.

R﹜. VRBS. ROMA. Rome assise, tenant une Victoire et une haste, avec différentes lettres dans l'exergue.

18. VALENS.

(8) D. N. VALENS. P. F. AVG. Sa tête diadémée.

R﹜. RESTITVTOR. REIP. L'empereur debout, tenant le *labarum* et une Victoire, avec
des lettres différentes dans l'exergue.

R﹜. (2) VOT. V. MVLT. X. dans une couronne ; à
l'exergue de l'une, R. T. , de l'autre, R. B.

R﹜. (3) VOT. X. MVLT. XX. dans une couronne, avec
des différences dans l'exergue.

R﹜. VOT. XV. MVLT. XX. dans une couronne ; à
l'exergue, SIS. CPZ.

✤R﹜. VOT. XX MVLT. XXX. dans une couronne ; à
l'exergue, CONCM.

R﹜. (4) VRBS. ROMA. Rome assise, tenant une Victoire et une haste, avec des lettres différentes dans l'exergue.

✦2. PROCOPE.

D. N. PROCOPIVS. P. F. AVG. Sa tête diadémée.

℞. VOT. V. dans une couronne ; à l'exergue de l'une, C. Γ., de l'autre, SMN.

10. GRATIEN.

D. N. GRATIANVS. P. F. AVG. Sa tête diadémée.

℞. GLORIA. ROMANORVM. Rome assise, tenant un globe et une haste ; à l'exergue, SMSPV.

✦℞. VOT. V. MVLT. X. dans une couronne ; à l'exergue, SAN.

℞. VOTIS. X. MVLTIS. XX. Même type ; à l'exergue, AQPS.

℞.(2)VIRTVS. ROMANORVM. Rome assise, tenant un globe et une haste.

℞.(5)VRBS. ROMA. Rome assise, tenant une Victoire et une haste.

7. VALENTINIEN, jeune.

(2) D. N. VALENTINIANVS. IVN. P. F. AVG. Sa tête diadémée.

℞. VICTORIA. AVGGG. Victoire passant, tenant une couronne et une palme ; à l'exergue, TRPS.

℞. VIRTVS. ROMANORVM. Rome assise, tenant
un globe et une haste ; à l'exergue, AQPS.

℞. (2) VRBS. ROMA. Rome assise, tenant une Victoire et une haste.

℞. VOT. X. MVLT. XX. dans une couronne ; à
l'exergue, CONS.

℞. VICTORIA. AVGGG. Victoire passant, tenant
une couronne et un trophée ; à l'exergue, RP. (Quinaire.)

12. THÉODOSE Ier.

(2) D. N. THEODOSIVS. P. F. AVG. Sa tête diadémée.

℞. CONCORDIA. AVGGG. Femme assise, tenant
une haste et une corne d'abondance ; le
pied sur une proue.

℞. VOT. X. MVLT. XX. dans une couronne.

✻℞. VOT. XV. MVLT. XX. dans une couronne.

℞. (3) VIRTVS. ROMANORVM. Rome assise, tenant
un globe et une lance.

✻℞. VICTORIA. AVGGG. Victoire passant, tenant
une couronne et une palme.

℞. (3) VRBS. ROMA. Rome assise, tenant une Victoire et une haste.

✻ 7. MAGNUS-MAXIMUS.

D. N. MAG. MAXIMVS. P. F. AVG. Sa tête diadémée.

℞. SPES. ROMANORVM. Porte de ville.

℞. VICTORIA. AVGVSTORVM. Victoire passant, tenant une couronne et une palme.

℞.(5) VIRTVS. ROMANORVM. Rome assise, tenant un globe et une lance.

*3. FLAVIUS-VICTOR.

D. N. FL. VICTOR. P. F. AVG. Sa tête diadémée.

℞. VICTORIA. AVGVSTORVM. Victoire passant, tenant une couronne et une palme ; à l'exergue, AQPS.

℞.(2) VIRTVS. ROMANORVM. Rome assise, tenant un globe et une lance.

*5. EUGÈNE.

D. N. EVGENIVS. P. F. AVG. Sa tête diadémée.

℞. VICTORIA. AVGVSTORVM. Victoire passant, tenant une couronne et une palme ; dans le champ, T. R.

℞.(2) VIRTVS. ROMANORVM. Rome assise, tenant une Victoire et une lance.

℞. (2) VRBS. ROMA. Même type.

7. ARCADIUS.

D. N. ARCADIVS. P. F. AVG. Sa tête diadémée.

℞. VICTORIA. AVGGG. Figure debout, le pied sur un captif, tenant le *labarum* et une

Victoire ; dans le champ , R. D. ; à l'exergue , CONOB.

℞. VICTORIA. AVGGG. Victoire passant, tenant
une couronne et une palme ; à l'exergue , MD.

℞. VOT. X. MVLT. XX. dans une couronne ; à
l'exergue , MDPS.

℞. VOT. X. MVLT. XX. dans une couronne ; à
l'exergue , CONS.

℞.(2)VIRTVS. ROMANORVM. Rome assise, tenant
une Victoire et une lance.

℞. VRBS. ROMA. Même type ; à l'exergue, TRPS.

14. HONORIUS.

✠ HONOR....PVS. A. T. Tête d'Honorius.

℞. ANNO. IIII. Femme debout, tenant des épis ;
dans le champ, $\overline{\Lambda}$. ; à l'exergue, une étoile
entre deux palmes.

℞.(4)GLORIA. ROMANORVM. Rome assise, tenant
un globe et une haste.

℞.(2)VICTORIA. AVGG. Rome assise, tenant une
Victoire et une lance.

℞. VIRTVS. ROMANORVM. Même type.

℞. VOT. V. MVLT. X. dans une couronne.

℞. VOT. X. MVLT. XX. Même type.

℞. VRBS. ROMA. Rome assise, tenant une Victoire et une haste.

✷ 1. GALLA PLACIDIA.

D. N. GALLA. PLACIDIA. P. F. AVG. Sa tête avec le diadème.

R̚. Le monogramme du Christ dans une couronne.

* 11. CONSTANTIN, tyran.

(9) D. N. CONSTANTINVS. P. F. AVG. Sa tête diadémée.

R̚. VICTORIA. AVGGG. Rome assise, tenant une Victoire et une lance.

*R̚. VICTORIA. AAAVGGGG. Même type.

* 12. JOVIN.

(3) D. N. IOVINVS. P. F. AVG. Sa tête diadémée.

R̚. RESTITVTOR. REIP. Rome assise, tenant une Victoire et une lance.

R̚.(8) VICTORIA. AVGG. Même type.

✷R̚. VICTORIA. AVGGG. Même type.

✷ 1. SÉBASTIEN, tyran.

D. N. SEBASTIANVS. P. F. AVG. Sa tête avec le diadème.

R̚. VICTORIA. AVGG. Rome assise, tenant une Victoire et une lance; à l'exergue, KONT.

✷ 3. PRISCUS-ATTALUS.

(3) PRISCVS. ATTALVS. P. F. AVG. Sa tête diadémée.

R. INVICTA. ROMA. AETERNA. Rome assise, tenant une Victoire et une lance.

1. THÉODOSE II. (Petit bronze.)

D. N. THEODOSIVS. P. F. AVG. Sa tête diadémée.

R. SALVS. REIPVBLICAE. Victoire debout, portant un trophée; à ses pieds, un captif; dans le champ, le monogramme du Christ.

*1. ÆLIA-EUDOXIA. (Argent.)

AEL. EVDOXIA. AVG. Sa tête diadémée.

R. IMP. XXXXII. COS. XVII. P. P. Rome assise, tenant le monogramme du Christ sur un globe. (Cette médaille paroît avoir été coulée sur une médaille d'or.)

*4. PLACIDE-VALENTINIEN III.

D. N. PLA. VALENTINIANVS. P. F. AVG. Sa tête diadémée.

R. VICTORIA. ROMANORVM. Victoire debout, tenant un globe; dans le champ, une croix; à l'exergue, ANQS.

R. (3) VICTORIA. AVGG. Victoire passant, tenant une couronne et une palme.

4. ATTILA, roi des Huns.

ATEVLA. Tête jeune ailée.

R͡. VLATOS. Cheval.

✢ 3. MAJORIEN.

D. N. MAJORIANVS. P. F. AVG. Sa tête casquée.

R͡. VOTIS. MVLTIS. Soldat debout, tenant une lance et un bouclier.

R͡. (2) VIT. GG. Victoire debout, tenant une grande croix ; à l'exergue, deux étoiles.

✢ 3. LIBIUS-SÉVÉRUS.

D. N. LIB. SEVERVS. P. F. AVG. Sa tête avec le diadème.

R͡. Le monogramme du Christ dans une couronne.

✢ I. ANTHÉMIUS.

D. N. ANTHEMIVS. P. F. AVG. Sa tête avec le diadème.

R͡. Le monogramme du Christ dans une couronne ; à l'exergue, R. M.

✢ I. GLYCÉRIUS.

D. N. GLYCERIVS. P. F. AVG. Sa tête avec le diadème.

R͡. Une croix dans une couronne ; à l'exergue, COMOB.

*2. ZÉNON.

D. N. ZENO. PERP. AVG. Sa tête avec le diadème.

R︦. Figure debout, tenant une haste et une
corne d'abondance; dans le champ, N. D.

R︦. Sans légende. Aigle éployée.

✱ 1. JULES-NÉPOS.

D. N. IVL. NEPOS. P. F. AVG. Sa tête avec le
diadème.

R︦. Génie debout, le pied posé sur une proue
de navire, tenant une haste et une corne
d'abondance ; dans le champ, R. V.

✱ 2. BASILISQUE.

D. N. BASILISCVS. P. AVG. Sa tête avec le
diadème.

R︦. Génie debout, un pied sur un navire, tenant une haste et une corne d'abondance ; dans le champ, R. V.

R︦. Croix dans une couronne; à l'exergue,
COMOB.

13. ANASTASE Ier.

D. N. ANASTASIVS. AVG. Sa tête avec le diadème.

R︦. Etoile dans une couronne.

R̶.(2) Monogramme dans une couronne.

R̶.(4) INVICTA. ROMA. Différens monogrammes.

R̶.(2) INVICTA. ROMA. Victoire passant, tenant une croix sur l'épaule et une couronne.

R̶. INVICTA. ROMA. Victoire passant, portant une couronne et un trophée.

R̶.(2) D. N. BADVILA. REX.

*6. JUSTIN Ier.

(2) D. N. IVSTINVS. P. P. AVG. Sa tête avec le diadème.

R̶. Le monogramme du Christ dans une couronne.

R̶. C. N. dans une couronne.

R̶.(2) Monogramme dans une couronne.

R̶. D. N. ATHALARICVS. dans une couronne.

22. JUSTINIEN Ier.

(4) D. N. IVSTINIANVS. P. P. AVG. Sa tête avec le diadème.

R̶. Le monogramme du Christ, entre deux étoiles, dans une couronne.

R̶.(3) C. N. dans une couronne.

R̶.(2) P. K. dans une couronne.

R̶. P. K. ε. dans une couronne.

R̶.(5) Divers monogrammes dans une couronne.

R̶.(2) Croix sur un globe dans une couronne.

R⁊. VOT. MVLT. HTI. dans une couronne;
à l'exergue, CONOS.

R⁊. (2) D. N. ATHALARICVS. { REX. / RIX. } dans une couronne.

R⁊. D. N. THEODAHATHVS. RIX. Même type.

R⁊. D. N. VVITIGES. REX. Même type.

✴ 1. JUSTIN, jeune.

D. N. IVSTINVS. P.... Sa tête, vue de face.

R⁊. FELIX. RESPVBL. dans une couronne.

✴ 2. HÉRACLIUS. ⤙

D. N. ERACLIVS. PP. AVG. Sa tête avec le diadème.

R⁊. Croix dans une couronne.

R⁊. D. N. ERACLIO. PP. A. Sa tête, vue de face.
La tête d'Hélène et celle d'Héraclius Constantin, vues de face.

1. CONSTANTIN IV, POGONAT.

✶ Sa tête, vue de face, avec une grande barbe.

R⁊. Dans le champ, B. M., une croix et une
étoile.

PRIX
DES MÉDAILLES LATINES,

EXTRAIT DE L'OUVRAGE DE M. BEAUVAIS.

Le prix de l'or étant augmenté, on a mis les Médailles communes du haut Empire à 26 francs, et celles du bas Empire à 15, ce qui est à peu près la valeur intrinsèque.

O   signifie que la médaille ne se trouve pas.

C ——— que la médaille est commune.

rare. ——— que le prix n'est pas fixé.

G. B. ——— grand bronze.

M. B. ——— moyen bronze.

P. B. ——— petit bronze.

NOMS.	Or.	Argent.	G. B.	M. B.	P. B.
A.					
Achillée, tyran.	o	o	o	o	o
Aelien, tyran.	o	o	o	o	o
Aelius (Lucius), César.	72	5	3	2	o
Agrippa (Marcus Vipsanius).	8oo	100	o	c	20
Agrippa le jeune.	o	o	o	o	o
Agrippine la mère.	8o	24	4	o	o
Agrippine la jeune.	4o	8	4oo	o	o
Albin.	4oo	5	6	5	o
Alexandre, fils de Cléopatre et d'Antoine.	o	o	o	o	o
Alexandre, tyran.	o	o	o	72	6o
Alexandre, fils de Basile le Macédonien.	o	o	o	12	o
Alexis Ier, Comnène.	24	o	o	10	o
Alexis II, Comnène.	o	o	o	o	24

NOMS.	Or.	Argent.	G. B.	M. B.	P. B.
Alexis III, Lange.	0	0	0	0	10
Alexis IV, Lange.	0	0	0	0	0
Alexis V, Murtzuphle.	0	0	0	0	0
Allectus, tyran.	600	100	0	0	8
Amand, tyran.	0	0	0	0	100
Anastase, Ier.	15	2	c	c	c
Anastase II.	36	0	0	0	0
Andronic Ier, Comnène.	24	0	0	7	0
Andronic II, Paléologue.	0	0	0	0	0
Andronic III, Paléologue.	0	0	0	0	0
Andronic IV, Paléologue.	0	0	0	0	0
Annius Vérus, César.	0	0	200	50	0
Anthémius (Procopius).	24	120	0	0	0
Antinóus.	0	0	60	20	12
Antoine (Marc).	100	2	0	3	0
Antoine le fils (Marc).	600	0	0	0	0
Antoine (Caïus), frère de Marc-Antoine.	0	72	0	0	0
Antoine (Lucius), frère de Marc-Antoine.	0	20	0	0	0
Antonia, femme de Néron Drusus.	60	45	0	c	0
Antonin, le Pieux.	26	c	c	c	0
Antoninus (Sulpicius), tyran.	0	0	0	0	0
Arcadius (Flavius).	15	2	24	c	c
Artavasde.	600	0	0	0	0
Athalaric, roi d'Italie.	0	0	0	0	2
Attale (Priscus).	72	50	0	0	12
Attila.	6	1	0	0	10
Auguste.	26	1	8	c	c
Avitus.	60	48	0	0	12
Aurèle (Marc).	26	1	c	c	0
Aurélien.	60	0	0	c	c
Auréole, tyran.	600	0	0	0	50

B.

NOMS.	Or.	Argent.	G. B.	M. B.	P. B.
Baduéla Totila, roi d'Italie.	0	0	0	40	5
Balbin.	500	5	8	60	0
Baliste, tyran.	0	0	0	0	0
Basile, le Macédonien.	24	6	0	0	6
Basile II.	24	0	0	c	c

NOMS.	Or.	Argent.	G. B.	M. B.	P. B.
BASILISQUE..................	40	36	0	0	0
BAUDOUIN Ier.............	0	0	0	0	0
BAUDOUIN II.............	0	0	0	0	0
BONOSIUS, tyran...........	0	0	0	0	0
BRITANNICUS.............	0	0	0	0	100
BRUTUS (Marcus Junius)....	500	150	0	0	0

C.

NOMS.	Or.	Argent.	G. B.	M. B.	P. B.
CAIUS, César, fils aîné d'Agrippa..................	0	0	0	40	20
CALIGULA (Caius)........	100	12	6	c	0
CARACALLA (Antonin)......	40	c	c	c	0
CARAUSIUS, tyran........	600	72	0	0	6
CARINUS..............	80	48	0	12	c
CARUS..............	60	48	24	40	c
CASSIUS (Caius.).........	40	0	0	0	0
CELSUS (Titus Cornélius), tyran....................	0	0	0	0	0
CENSORIN, tyran.........	0	0	0	0	0
CÉSAR (Caius Julius).......	100	6	10	0	0
CÉSARION, fils de César et de Cléopatre.............	0	0	0	0	0
CÉSONIE, femme de Caligula..	0	0	0	0	0
CHRISTOPHE.............	30	0	0	0	0
CLARA (Didia), fille de Didius Julianus..............	200	200	20	0	0
CLAUDE Ier (Tiberius)......	30	3	2	c	c
CLAUDE II..............	400	48	20	3	c
CLAUDIA, fille de Claude....	0	0	0	0	0
CLAUDIA, fille de Néron....	0	0	0	0	rare.
CLÉOPATRE.............	600	24	0	12	12
COMMODE..............	80	c	c	c	0
CONSTANCE Ier, Chlore.....	72	5	30	c	c
CONSTANCE II (Flavius Julius Valérius).............	15	c	20	c	c
CONSTANCE III...........	400	0	0	0	0
CONSTANT Ier (Flavius Julius).	15	c	12	c	c
CONSTANT II............	24	8	0	6	6
CONSTANT, fils du tyran Constantin..............	0	30	0	0	0
CONSTANTIA, femme de Licinius.	0	0	0	0	0

NOMS.	Or.	Argent.	G. B.	M. B.	P. B.
CONSTANTIA , femme de Gratien.	o	o	o	o	o
CONSTANTIN 1er (Flavius Valérius).	3o	6	20	c	c
CONSTANTIN II , ou le jeune.	8o	o	24	o	c
CONSTANTIN III , tyran (Flavius Claudius).	5o	6	o	o	rare.
CONSTANTIN IV , Pogonat.	24	6	12	o	6
CONSTANTIN V , Copronime.	20	o	o	o	o
CONSTANTIN VI.	6o	o	o	o	o
CONSTANTIN VII.	o	o	o	o	o
CONSTANTIN VIII.	24	o	o	6	6
CONSTANTIN IX.	o	o	o	o	o
CONSTANTIN x , Porphyrogénète.	24	o	o	2	o
CONSTANTIN XI.	24	o	o	c	o
CONSTANTIN XII , Monomaque.	o	o	o	o	o
CONSTANTIN XIII , Ducas.	24	o	o	10	o
CONSTANTIN, Ducas Porphyrogénète.	o	o	o	o	o
CONSTANTIN XIV , Paléologue.	o	o	o	o	o
CONSTANTINE (Flavia Julia).	o	o	o	o	o
CRISPE , César.	120	o	o	o	c
CRISPINE.	15o	c	c	o	o
CYRIADE.	o	o	o	o	o

D.

NOMS.	Or.	Argent.	G. B.	M. B.	P. B.
DÉCENCE , tyran.	6o	72	3o	c	c
DELMATIUS , César (Flavius Julius).	200	o	o	o	6
DÉSIDÉRIUS , frère de Décence.	o	o	o	o	o
DIADUMENIEN , César.	1000	18	5o	6	o
DIOCLÉTIEN.	6o	3	12	c	c
DOMINICA (Albia), femme de Valens.	o	o	o	o	o
DOMITIA.	100	5o	5oo	100	o
DOMITIUS , tyran.	o	o	o	15	o
DOMITIEN.	26	c	c	c	c
DOMITILLE (Flavie).	6oo	100	10	o	o
DONATA (Julia).	rare.	o	o	o	o
DRUSUS , fils de Tibère.	o	200	3	c	o

NOMS.	Or.	Argent.	G. B.	M. B.	P. B.
Drusus (Néro Claudius), frère de Tibère............	48	18	3	o	o

E.

NOMS.	Or.	Argent.	G. B.	M. B.	P. B.
Elagabale.............	40	c	8	c	o
Emilien.	500	4	80	50	rare.
Emilien (Alexandre), tyran. .	o	o	o	o	o
Etruscille (Hérennia).	100	c	2	o	o
Etienne.............	o	o	o	o	o
Eudocia (Ælia), femme d'Arcadius...............	72	48	o	o	3
Eudoxia (Ælia), femme de Théodose ii...............	72	36	o	o	3
Eudoxia (Licinia), femme de Valentinien iii...........	100	o	o	o	o
Eufémie, femme de Justin ier.	200	o	o	o	o
Eugène, tyran..........	60	8	o	o	40
Eusébie (Flavie).	o	o	o	o	o

F.

NOMS.	Or.	Argent.	G. B.	M. B.	P. B.
Fauste (Flavia Maxima). ...	500	50	o	o	c
Fauste, Nobilissima Femina. .	o	o	o	o	9
Faustine, la mère.........	26	c	c	c	o
Faustine, la jeune.	26	c	c	c	o
Faustine (Annia).........	o	1000	o	o	o
Filépique Bardane.	24	o	o	o	o
Firmius (Marcus), tyran.....	o	o	o	o	o
Flacilla (Ælia)..........	80	50	o	3	3
Florien...............	100	o	12	6	c

G.

NOMS.	Or.	Argent.	G. B.	M. B.	P. B.
Galba.	50	2	3	c	o
Galère Maximien.........	72	5	40	c	c
Galère Antonin, fils d'Antonin..............	o	o	o	o	o
Gallien (Publius Licinius). ...	48	c	3	c	c
Gallien (Jules)..........	o	o	o	o	o
Galliena (Licinia).	o	o	o	o	o

NOMS.	Or.	Argent.	G. B.	M. B.	P. B.
GALLUS (Trebonianus).	120	c	c	c	o
GALLUS (Constantius).	100	12	48	c	c
GERMANICUS.	120	24	300	c	c
GÉTA.	150	c	8	2	o
GLYCÉRIUS.	72	o	o	o	o
GORDIEN D'AFRIQUE , le père.	o	100	50	o	100
GORDIEN D'AFRIQUE , le fils. . .	o	100	50	o	o
GORDIEN PIE	48	c	c	c	o
GRATIEN (Flavius).	15	c	20	c	c

H.

NOMS.	Or.	Argent.	G. B.	M. B.	P. B.
HADRIEN.	26	c	c	c	c
HANNIBALLIEN , roi de Pont. . .	1000	o	o	o	50
HÉLÈNE (Flavia Julia), mère de Constantin Ier.	1000	o	o	o	c
HÉLÈNE , crue femme de Crispe.	o	o	o	o	12
HÉLÈNE , femme de Julien II. . .	o	o	o	o	3
HENRI , de Courtenai.	o	o	o	o	o
HÉRACLÉONAS.	o	o	o	o	o
HÉRACLIUS.	18	12	6	c	c
HÉRACLIUS CONSTANTIN.	24	12	o	6	6
HÉRENNIEN , fils d'Odenat et de Zénobie.	o	o	o	o	o
HÉRENNIUS , fils ainé de Trajan Dèce.	600	c	8	6	o
HÉRODIEN , fils ainé d'Odenat. .	o	o	o	o	o
HILDERIC , roi des Vandales. . .	o	20	o	o	o
HONORIA (Justa Gratia).	200	o	o	o	o
HONORIUS.	15	2	12	c	c
HOSTILIEN , second fils de Trajan Dèce.	600	3	10	12	o

I.

NOMS.	Or.	Argent.	G. B.	M. B.	P. B.
INGÉNUUS , tyran.	o	o	o	o	o
IRÈNE , mère de Constantin VI.	48	o	o	o	o
ISAAC Ier , Comnène.	30	o	o	o	o
ISAAC II , Lange.	30	8	o	6	6

NOMS.	Or.	Argent.	G. B.	M. B.	P. B.
J.					
JEAN, tyran.	80	48	0	0	50
JEAN II, Comnène.	24	8	0	6	4
JEAN III, Ducas Vatace.	0	0	0	0	rare.
JEAN IV, Lascaris.	0	0	0	0	0
JEAN V, Paléologue.	0	0	0	0	0
JEAN VI, Cantacuzène.	0	0	0	0	0
JEAN VII, Paléologue.	0	0	0	0	0
JEAN VIII, Paléologue.	0	0	0	0	0
JOVIEN.	72	3	30	2	c
JOVIN, tyran.	80	10	0	0	0
JUBA, le père, roi de Mauritanie.	0	3	0	0	0
JUBA, le jeune.	0	60	0	0	0
JULIE, fille d'Auguste.	0	0	0	0	0
JULIE, fille de Titus.	300	24	9	3	0
JULIE, femme de Septime Sévère.	72	c	c	c	0
JULIE DRUSILE, seconde fille de Germanicus.	0	0	0	0	0
JULIE LIVILLE, troisième fille du même.	0	0	0	0	0
JULIEN Ier (Marcus Didius Servus).	200	100	12	80	0
JULIEN II (Flavius Claudius).	36	c	20	c	c
JULIEN (Marcus Aurelius).	300	120	0	0	50
JUSTIN Ier.	15	4	c	c	c
JUSTIN II.	24	rare.	rare.	c	c
JUSTINE (Flavie), seconde femme de Valentinien Ier.	0	0	0	0	0
JUSTINIEN Ier.	15	2	c	c	c
JUSTINIEN II (Rhinotmetus).	24	0	0	0	0
L.					
LÆLIEN, tyran.	300	100	0	0	5
LÉON Ier.	15	0	0	0	0
LÉON II, le jeune.	60	0	0	0	0
LÉON III, l'Isaurien.	15	0	0	0	0
LÉON IV, Chazare.	0	0	0	0	0

NOMS.	Or.	Argent.	G. B.	M. B.	P. B.
Léon v, l'Arménien.........	o	o	o	o	o
Léon vi, le Philosophe.....	3o	6	o	o	4
Léonce...............	36	o	o	o	o
Lépide (Marcus).........	3oo	20	o	o	o
Licinius, le père.........	72	o	72	c	c
Licinius, le jeune........	15o	o	o	o	c
Livie................	o	o	o	1	o
Lollien, tyran..........	o	o	o	o	o
Lucille, femme de Vérus...	3o	c	c	c	o
Lucius, second fils d'Agrippa.	o	o	o	4o	20

M.

NOMS.	Or.	Argent.	G. B.	M. B.	P. B.
Macer (Lucius Clodius)....	o	5o	o	o	200
Macrien, le père, tyran....	o	o	o	o	o
Macrien, le jeune, tyran...	o	12	o	o	12
Macrin..............	24o	3	15	2	o
Mæsa (Julie)..........	200	c	c	c	o
Magnence, tyran........	3o	20	12	c	c
Majorien (Jules)........	24	36	o	o	12
Mamée (Julie)..........	100	c	c	c	o
Manuel i^{er}, Comnène......	24	o	o	4	4
Manuel ii, Paléologue.....	o	o	o	o	o
Marciana, sœur de Trajan...	120	100	15o	o	o
Marcien..............	3o	o	o	o	12
Maria (Flavia), femme d'Honorius...............	o	o	o	o	o
Marin (Corvilius), tyran....	o	o	o	o	o
Mariniana, femme de Valérien père................	o	3	12	5	2
Marius, tyran..........	4oo	o	o	o	2
Martinien, tyran.......	o	o	o	o	6o
Mathieu, Cantacuzène.....	o	o	o	o	o
Matidia, nièce de Trajan....	120	100	15o	o	o
Maurice.............	20	12	c	c	c
Maxence.............	72	15o	72	c	c
Maxime (Caius Julius Vérus)..	o	20	3	3	o
Maximien (Marcus Aurélius Valérius).............	6o	3	12	c	c
Maximin i^{er} (Caius Julius Vérus)...............	100	c	c	c	o
Maximin ii, Daza.........	8o	100	3o	c	c

NOMS.	Or.	Argent.	G. B.	M. B.	P. B.
MAXIMUS (Magnus), tyran. ...	24	6	0	c	c
MEMMIA (Sulpicia).	0	0	0	0	0 0
MÉONIUS, tyran.	0	0	0	0	0
MESSALINE (Valéria), quatrième femme de Claude.	0	0	0	0	0
MICHEL Ier, Rhangabé.	20	0	0	1	1
MICHEL II, le Bègue.	24	0	0	1	1
MICHEL III.	30	0	0	0	0
MICHEL IV, le Paphlagonien.	0	0	0	0	0
MICHEL V, Calafate.	0	0	0	0	0
MICHEL VI, Stratiotique.	0	0	0	0	0
MICHEL VII, Ducas.	24	0	0	0	0
MICHEL VIII, Paléologue.	0	0	0	0	0
MICHEL IX, Paléologue.	0	0	0	0	0

N.

NOMS.	Or.	Argent.	G. B.	M. B.	P. B.
NÉPOS (Jules).	36	48	0	0	0
NÉPOTIEN (Flavius Popilius), tyran.	0	0	0	100	100
NÉRON et DRUSUS.	0	0	0	1	0
NÉRON.	26	1	3	c	c
NERVA.	48	1	c	c	c
NICÉPHORE, fils d'Artavasde.	rare.	0	0	0	0
NICÉPHORE Ier.	24	0	0	0	0
NICÉPHORE PHOCAS.	30	0	0	12	0
NICÉPHORE III, Botoniate.	30	0	0	0	0
NIGER (C. Pescennius).	1200	200	0	0	0
NIGRINA (Arria), femme de Carinus.	0	0	0	0	0
NIGRINIEN, fils de Carinus.	0	150	0	24	12
NUMÉRIEN.	80	Q. 48	30	15	c

O.

NOMS.	Or.	Argent.	G. B.	M. B.	P. B.
OCTAVIE (Claudia), première femme de Néron.	0	0	0	0	0
ODENAT, souverain de Palmyre.	0	0	0	0	0
OLYBRIUS (Anicius).	200	0	0	0	0
ORBIANA, femme de Sévère Alexandre.	600	10	18	6	0

NOMS.	Or.	Argent.	G. B.	M. B.	P. B.
ORIUNA, femme de Carausius. .	o	o	o	o	o
OTACILIA SEVERA, femme de Philippe.	120	c	c	c	o
OTHON.	100	6	o	o	o

P.

NOMS.	Or.	Argent.	G. B.	M. B.	P. B.
PACATIEN, tyran.	o	240	o	o	o
PAULA (Julia), première femme d'Elagabale.	3oo	3	4o	1o	o
PAULINE, femme de Maximin 1er.	o	3o	15	o	o
PERPENNA (Aufidius), tyran. .	o	o	o	o	o
PERTINAX.	9o	5o	1oo	25	2o
PÉTRONE MAXIME.	6o	4o	o	o	4o
PHILIPPE, le père.	15o	c	c	c	o
PHILIPPE, le fils.	15o	c	c	c	o
PHOCAS.	18	6	o	1	1
PIERRE, de Courtenai.	o	o	o	o	o
PISON (L. Calpurnius), tyran.	o	o	o	o	o
PLACIDIA, femme de Constance III.	120	48	rare.	o	o
PLAUTIANE (Pescennia), femme de Pescennius Niger.	o	o	o	o	o
PLAUTILLE, femme d'Antonin Caracalla.	200	2	3oo	6	o
PLAUTINE, femme de Trajan. .	1oo	1oo	120	o	o
POLÉMON, roi de Pont.	o	o	o	o	o
POLÉMON, le jeune.	o	o	o	o	o
POMPÉE (Cneius)	4oo	8	3	2	o
POMPÉE (Sexte).	4oo	72	o	o	o
POPPÉE (Sabine), seconde femme de Néron.	o	o	o	o	o
POSTUME, le père, tyran. . . .	6o	c	2	c	c
POSTUME, le fils, tyran.	15o	c	48	o	o
PROBUS.	5o	Q. 20	24	1o	3
PROCOPE, tyran.	25o	5o	o	o	24
PROCULUS (T. Ælius), tyran. .	o	o	o	o	o
PTOLÉMÉE, fils de Juba jeune. .	o	1oo	o	o	o
PULCHÉRIE, femme de Marcien.	8o	48	o	o	o
PUPIEN.	5oo	5	8	4o	o

NOMS.	Or.	Argent.	G. B.	M. B.	P. B.
Q.					
Quiétus (Fulvius), tyran...	o	12	o	o	12
Quintillus (Marcus Aurélius Claudius).............	800	o	o	o	c
R.					
Régillien (Q. Nonius), tyran.	o	o	o	o	o
Robert, de Courtenai......	o	o	o	o	o
Romain 1er, Lécapène......	30	o	o	o	o
Romain ii, le jeune........	36	o	o	10	o
Romain iii, Argyre........	o	o	o	o	o
Romain iv, Diogène........	24	o	o	10	o
Romulus, César...........	1200	200	o	12	12
Romulus, Augustulus......	60	o	o	o	o
S.					
Sabine, femme d'Hadrien....	30	c	3	c	o
Salonin, fils aîné de Gallien..	150	c	24	6	c
Salonin Gallien, cru fils de Gallien.................	o	o	o	o	o
Salonine (Cornélie), femme de Gallien.................	150	c	12	3	c
Saturninus (Sempronius), tyran.................	o	o	o	o	o
Saturnin (Sextus Julius), tyran.................	o	o	o	o	o
Saturnin, troisième tyran de ce nom.................	o	o	o	o	100
Scantilla (Manlia), femme de Didius Julianus.........	240	200	20	100	o
Sébastien, tyran.........	o	60	o	o	o
Septimius, tyran.........	o	o	o	o	o
Sévéra (Julia Aquilia), seconde femme d'Elagabale.......	800	18	50	12	o
Sévéra (Valeria), première femme de Valentinien 1er.......	o	o	o	o	o
Sévère Alexandre........	30	c	c	c	o
Sévère (Septime).........	48	c	c	c	o

NOMS.	Or.	Argent.	G. B.	M. B.	P. B.
Sévère ii (Flavius Valérius)..	150	0	40	2	6
Sévère iii (Libius)........	20	20	0	0	0
Séverine (Ulpia), femme d'Aurélius...............	100	0	0	c	c
Silvain (Flavius), tyran....	0	0	0	0	0
Soémias (Julia), mère d'Elagabale..............	200	c	8	3	0
Staurace.............	24	0	0	0	0
Supéra (Cornélia), femme de Valérien jeune.........	0	300	0	0	0

T.

NOMS.	Or.	Argent.	G. B.	M. B.	P. B.
Tacite..............	60	6	40	20	c
Tétricus, le père, tyran....	100	0	300	0	c
Tétricus, le jeune, tyran...	200	0	0	0	c
Théias, roi des Ostrogoths...	0	0	0	0	0
Théodat, roi d'Italie......	0	0	0	6	2
Théodebert...........	100	0	0	0	0
Théodora (Flavia Maximiana).	0	50	0	0	1
Théodora Despuna.......	0	0	0	0	0
Théodora, fille de Constantin xi.............	0	0	0	0	0
Théodore ier, Lascaris.....	rare.	0	0	0	0
Théodore ii, Lange........	0	0	0	0	0
Théodore iii, Lascaris.....	0	0	0	0	0
Théodoric Amale, roi d'Italie.	0	10	0	0	0
Théodose ier...........	15	c	rare.	c	c
Théodose ii...........	15	0	0	c	c
Théodose iii, Adramitène...	30	0	0	0	0
Théophanon, femme de Romain le jeune.............	0	0	0	24	0
Théophile...........	24	0	0	c	c
Tibère ier..........	26	c	100	c	c
Tibère ii, Constantin.....	20	12	c	c	c
Tibère iii, cinquième fils d'Héraclius.............	0	0	0	0	0
Tibère iv, fils de Justinien...	30	0	0	0	0
Tibère v, Absimare.......	30	0	0	0	0
Timolaüs, second fils d'Odenat.	0	0	0	0	0
Titiane, femme de Pertinax..	0	0	0	0	0
Titus..............	26	c	c	c	c

NOMS.	Or.	Argent.	G. B.	M. B.	P. B.
TRAJAN.	26	c	c	c	c
TRAJAN DÈCE.	100	c	c	c	c
TRANQUILLINE, femme de Gordien Pie.	o	400	500	200	o
TRÉBELLIEN, tyran.	o	o	o	o	o

U.

NOMS.	Or.	Argent.	G. B.	M. B.	P. B.
URANIUS ANTONINUS, tyran. . .	o	o	o	o	o
URBICA (Magnia), femme de Carus.	400	100	60	20	6

V.

NOMS.	Or.	Argent.	G. B.	M. B.	P. B.
VABALATHE (Héroias), dernier fils d'Odenat.	o	o	o	o	4
VALENS (P. Valérius), tyran. .	o	o	o	o	o
VALENS, César (L. Valérius). .	o	o	o	o	o
VALENS (Flavius).	15	c	10	c	c
VALENTINIEN Ier (Flavius). . .	15	c	10	c	c
VALENTINIEN II, le jeune. . . .	15	c	40	c	c
VALENTINIEN III (Placide). . .	15	20	12	o	o
VALÉRIA (Galéria), femme de Galère Maximien.	200	o	o	3	3
VALÉRIEN (Publius Licinius). .	100	c	c	c	c
VALÉRIEN , le jeune.	150	c	50	10	c
VÉRINE (Ælia), femme de Léon Ier.	120	o	o	o	o
VÉRUS (Lucius Aurélius). . . .	26	c	c	c	o
VESPASIEN.	26	c	c	c	c
VESPASIEN , le jeune.	o	o	o	o	o
VÉTRANION.	600	200	o	30	15
VICTOR (Flavius) fils , tyran. .	rare.	6	o	o	3
VICTORIN , le père (Piauvonius), tyran.	150	30	o	o	c
VICTORIN , le jeune.	o	o	o	o	3
VICTORINE (Aurélie), mère de Victorin le père.	o	o	o	o	o
VITALIEN.	o	o	o	o	o
VITELLIUS (Aulus).	72	2	80	12	o
VITELLIUS, le père (Lucius). .	150	60	o	o	o
VOLUSIEN (Caius Vibius). . . .	120	c	c	c	o

NOMS.	Or.	Argent.	G. B.	M. B.	P. B.
W.					
WITIGÈS, roi d'Italie.........	o	o	o	o	6
Z.					
ZÉNOBIE, reine d'Orient, femme d'Odenat..............	o	o	o	o	o
ZÉNON.................	15	6	o	6	3
ZÉNONIDE (Ælia), femme de Basilisque..............	80	o	o	o	o
ZIMISCÈS (Jean)..........	o	rare.	c	o	c
ZOÉ CARBONOPSINE, quatrième femme de Léon VI.........	o	o	o	3	o
ZOÉ, femme de Romain Argire.	o	o	o	o	o

FIN.